Johann Joachim Winckelmann

Einführung

Für Elisa Josephine und Mira

Der Autor

Dr. Patrick Peters ist Berater für Unternehmenskommunikation und Professor für PR, Kommunikation und digitale Medien an der Allensbach Hochschule in Konstanz und publiziert regelmäßig zu literatur- und wirtschaftswissenschaftlichen Themen. Er lebt mit seiner Familie in Mönchengladbach. Bisher sind von ihm im Oldib Verlag erschienen: „Edda. Einführung" (2007), „Von Jerusalem nach Paris. Der Heilige Gral zwischen Mythos und Literatur" (2009), „Männer aus dem Hain. Studien zur Männlichkeitskonstruktion in der Lyrik der Göttinger Hainbündler" (2014) und „Romantik. Einführung" (2020).

Patrick Peters

Johann Joachim Winckelmann
Einführung

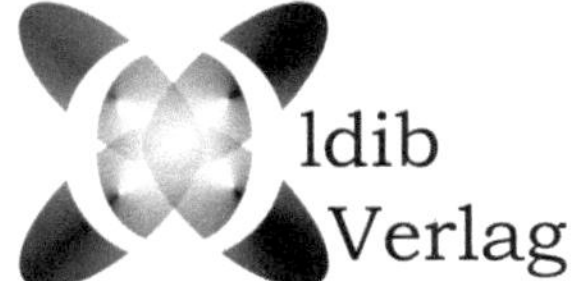

Bibliografische Information der
Deutschen Nationalbibliothek
Die Deutsche Nationalbibliothek verzeichnet diese
Publikation in der Deutschen Nationalbibliografie;
detaillierte bibliografische Daten sind im Internet
über http://dnb.ddb.de abrufbar.

Oldib Verlag Oliver Bidlo, Waldeck 14, 45133 Essen
www.oldib-verlag.de, info@oldib-verlag.de

Druck: BoD, Norderstedt

ISBN 978-3-939556-86-2

Inhaltsverzeichnis

Vorwort

Er ist als „Wunder“[1] bezeichnet worden, als „Popstar“[2] und als „Begründer der klassischen Archäologie und modernen Kunstwissenschaften“[3] und gilt als geistiger Wegbereiter des Klassizismus im deutschsprachigen Raum. Natürlich gilt es, mit solchen Ehrentiteln vorsichtig zu sein. Allzu oft können sie ins Übertreibende abdriften und den Blick von den eigentlich wirklich wichtigen Punkten ablenken. Das Risiko besteht, dass man mehr über diese öffentlichen Charakterisierungen spricht als über das tatsächliche Werk und die Inhalte und Gedanken, durch die die in Frage stehende Person zu ihrer Berühmtheit gelangt ist.

Interessant sind die eben genannten Zuschreibungen natürlich trotzdem, sagen sie doch viel über die Wahrnehmung einer Person und ihrer Bedeutung in bestimmten Kreisen aus. Sie können dabei helfen, sich einer bestimmten Person zu nähern und diese zu fassen, gerade dann, wenn die Charakterisierungen sich recht genau auf das Wirken beziehen und nicht allgemein jubilierender Natur sind, beispielsweise „Dichterfürst“ (Johann Wolfgang Goethe), „Der Deutsche Shakespeare“ (Friedrich Schiller) oder „Barde von Avon“ (William Shakespeare). Diese Ehrenbekundungen sind allgemein akzeptiert, aber eben sehr breit gefasst. In den Kern der Sache dringen sie nicht sofort, weil sie mit großen Worten wenig echte Tiefe vermitteln.

---

[1] Bartholomae, Joachim [Hrsg.]: *Das Wunder Winckelmann: Ein Popstar im 18. Jahrhundert.* Berlin 2016

[2] Ebd.

[3] Haupt, Klaus-Werner: *Johann Winckelmann. Begründer der klassischen Archäologie und modernen Kunstwissenschaften.* Weimar 2018

Bei Johann Joachim Winckelmann (1717 bis 1768), dem großen deutschen Gelehrten des 18. Jahrhunderts, ist das anders. Er ist es, den die Forschung eben „Wunder", „Popstar" und „Begründer der klassischen Archäologie und modernen Kunstwissenschaften" nennt und dem das Verdienst zukommt, die geistes- und kulturgeschichtliche Epoche des Klassizismus in Deutschland maßgeblich beeinflusst zu haben. Die sogenannte Weimarer Klassik, geprägt durch das Viergestirn Christoph Martin Wieland, Johann Wolfgang Goethe, Johann Gottfried Herder und Friedrich Schiller, wäre ohne die kunsttheoretischen Arbeiten Johann Joachim Winckelmanns nicht oder nicht in der uns bekannten Art und Weise denkbar gewesen. Winckelmanns ästhetische Betrachtung der griechischen Kunst ist die herausragende geistes- und denkgeschichtliche Grundlage der wohl bedeutendsten Epoche der deutschen Literaturgeschichte, die gleichzeitig mit der Philosophie des deutschen Idealismus (Immanuel Kant, Friedrich Wilhelm Joseph Schelling, Georg Wilhelm Friedrich Hegel, Johann Gottlieb Fichte) in enger Wechselwirkung und Beziehung stand. Seine Ideen waren darüber hinaus noch prägend für die Bildhauerei bis in die Mitte des 19. Jahrhunderts.

In der geisteswissenschaftlichen Forschung nimmt Johann Joachim Winckelmann einen bedeutenden Platz unter den Denkern des an großen Geistern nicht gerade armen 18. Jahrhunderts ein. Vor allem die Kunstwissenschaften haben sich Winckelmann und seinen bahnbrechenden Studien in Italien zur Kunst des Altertums eingehend gewidmet, und auch das unrühmliche Ende des Mannes erregte und erregt noch die Gemüter von Autoren: Der gutgläubige Johann Joachim Winckelmann wurde in Triest vom vorbestraften Koch Francesco Arcangeli ermordet, weil sich dieser die beträchtliche

Reisebörse Winckelmanns anzueignen trachtete. Mögliche erotische Hintergründe – Johann Joachim Winckelmann hatte homosexuelle Neigungen – konnten nie zweifelsfrei ermittelt werden. Jedenfalls verblutete der Kunsthistoriker nach sieben Messerstichen und starb nach vielen Stunden kläglich, nachdem er der Polizei Name und Motiv des Mörders genannt hatte.

Diese Einführung soll der besonderen Rolle Johann Joachim Winckelmanns für die deutsche Geistesgeschichte gerecht werden und einen breiten Einblick in Leben, Werk und Wirkung des Mannes bieten, an den beispielsweise Johann Wolfgang Goethe in seiner *Italienischen Reise*, in der er seinen Italienaufenthalt zwischen September 1786 und Mai 1788 beschreibt, prominent erinnert: Die *Italienische Reise* enthält zahlreiche Rückbezüge auf Winckelmann. Abgesehen von der gut lesbaren Monografie von Klaus-Werner Haupt existiert bislang keine (moderne) publikumsnahe Einführung zu Johann Joachim Winckelmann, die sich dem Menschen und Denker biografisch, kulturgeschichtlich und wissenschaftlich nähert und die wesentlichen Themen lesbar vermittelt. Der 300. Geburtstag im Jahr 2017 und der 250. Todestag ein Jahr später sind mehr oder weniger publizistisch unbeachtet vorübergezogen. Bei anderen Autoren wurden und werden solche Jubiläen regelmäßig zum Anlass für weitschweifige Betrachtungen genommen, die wiederum zu interessierter Aufmerksamkeit beim Publikum führen.

Johann Joachim Winckelmann. Einführung wird vor allem die Bedeutung Winckelmanns für die Literaturgeschichte in den Blick nehmen. Auf Basis der Darstellung der bahnbrechenden kunsthistorischen Erkenntnisse sollen die Folgen für die Literatur eingehend behandelt werden. Allein dass Johann Wolfgang Goethe, Friedrich Schiller, Gotthold Ephraim Lessing und Friedrich Hölderlin sich mit Winckelmann befasst haben (sowohl positiv als auch negativ) ist ein Beleg für dessen Rolle im 18. und frühen 19. Jahrhundert. Zentral für die Einführung sind die Auswirkungen auf die Weimarer Klassik. Johann Joachim Winckelmann hat beispielsweise den Grundstein für das humanistische Gedankengut in Goethes Tragödie *Iphigenie auf Tauris* gelegt; ohne Winckelmann wäre die Tragödie so nicht möglich geworden. Ebenso werden Winckelmanns Italienbild und seine Bedeutung als Wissenschaftler und Publizist dargestellt. Johann Joachim Winckelmann ist es als Gelehrtem aus kleinsten Verhältnissen gelungen, zu beispielloser akademischer Größe aufzusteigen und eine international anerkannte und bestens vernetzte Kapazität zu werden, deren Werke lebzeitig und vor allem sehr schnell höchste öffentliche Aufmerksamkeit erregten.

Johann Joachim Winckelmann. Einführung möchte den Menschen und Denker Winckelmann neu entdecken, zugänglich machen und dazu anregen, in die Welt Winckelmanns einzutauchen. Noch heute können wir von den Erkenntnissen profitieren, die Winckelmann in Italien entwickelt hat, und die Entwicklung vor allem der deutschen Literatur des späten 18. Jahrhunderts besser verstehen.[4]

[4] Für Interessierte existieren einige praktische Anknüpfungspunkte, um sich vertiefend mit Winckelmann zu befassen. Die Winckelmann-Gesellschaft, beheimatet in Winckelmanns Geburtsstadt Stendal, ist eine Gesellschaft mit etwa 600 Mitgliedern in mehr als 20 Ländern. Sie vereinigt Wissenschaftler, interessierte Laien und Winckelmann-Freunde aus aller Welt und ist Trägerin des Winckelmann-Museums. Es widmet sich dem Leben und Werk des Gelehrten und wurde 1955 an der Stelle seines Geburtshauses, der heutigen Winckelmannstraße 36, eröffnet. Die ständige Ausstellung im Erdgeschoss des Museums thematisiert das Leben und Werk Winckelmanns. Zudem finden sich online in verschiedenen Quellen einige kundige einführende Texte, die sich als Basis für weitere Recherchen nutzen lassen (s. Bibliographie).

I. Biographische Skizze

Jeder Autor, jeder Denker, jeder große Geist ist immer auch Mensch. Ein Mensch mit Geschichte und Geschichten, mit Persönlichkeit und Lebenserfahrungen, die ihn prägen. Und auch wenn Einigkeit darüber herrscht, dass aus der Biografie keine (vorschnellen) Rückschlüsse auf literarische Texte und Figuren gezogen werden sollten, funktioniert das Werk nicht ohne die Biografie: Schließlich ist der Mensch immer von seiner Umwelt geprägt und hat bestimmtes Wissen und Erfahrungen gesammelt, die die Entstehungsgeschichte eines Werks beeinflussen bzw. prägen können. Zumal immer wieder Wechselwirkungen zwischen Werk und Wirklichkeit existieren und einander bedingen.

Kurzum: Gerade bei einem der Geschichte und der Theorie zugewandten Autor wie Johann Joachim Winckelmann sind Leben, Werk und Wirkung kaum zu trennen. Sie bilden ein enges Beziehungsgeflecht, und die Entwicklung Winckelmanns zum Vordenker des 18. Jahrhunderts ist ohne den Lebensweg nicht zu verstehen. Auf Ereignis folgt Werk folgt Ereignis, und Winckelmann selbst hat durch Lebensereignisse und -entscheidungen die Wechselwirkung immer wieder neugestaltet.

Daher soll dieses erste Kapitel der Einführung unter dem Stern der Biografie Johann Joachim Winckelmanns stehen. Das Leben soll skizziert, die wesentlichen Ereignisse sollen herausgestellt und vorab hinsichtlich der Werk- und Denkstruktur eingeordnet werden, ohne auf die Werke dezidiert einzugehen; dies ist Aufgabe der weiteren Kapitel. Zum einen erhalten die Leser auf diese Weise frühzeitig alle relevanten biografischen Informationen, und zum anderen führt dies dazu, dass im weiteren Verlauf bei der Werkbetrachtung darauf einfach Bezug genommen werden kann. Die Lesbarkeit und der inhaltliche Fluss der Einführung sollen damit verbessert werden, zumal die Biografie Winckelmanns durchaus als spannend und dramatisch zu bezeichnen ist.

Johann Joachim Winckelmann wird am 9. Dezember 1717 in Stendal geboren. Die Hansestadt Stendal ist heute Kreisstadt des Landkreises Stendal und mit ca. 40.000 Einwohnern die größte Stadt sowie Verkehrsknotenpunkt in der Altmark in Sachsen-Anhalt. Im frühen 18. Jahrhundert war Stendal, geprägt von mittelalterlicher Backsteingotik, als reiche Stadt an der Kreuzung des hansischen Handelswegs Magdeburg/Wismar/Lüneburg Zentrum des Stendalisches Kreises, ein kurmärkischer Kreis in der damaligen Provinz Altmark der Mark Brandenburg. Er bildete sich im 16. Jahrhundert und umfasste Gebiete, die heute im Wesentlichen zum Landkreis Stendal in Sachsen-Anhalt gehören, einem Territorium im Heiligen Römischen Reich und Kernprovinz der Monarchie Preußen. Der Stendalische Kreis lag quasi mittig in der Altmark (keine Außengrenzen). Er grenzte im Norden an den Seehausenschen Kreis, im Osten an den Arneburgischen Kreis, im Süden an den Tangermündeschen Kreis, über eine sehr kurze Erstreckung auch an den Salzwedelischen Kreis und im Westen an den Arendseeischen Kreis. Die Stadt Stendal lag am südöstlichen Rand des damaligen Stendalischen Kreises und war die Hauptstadt der Altmark (Sitz des Obergerichtes der Altmark und Sitz des Landschaftsdirektoriums, Sitz der altmärkischen und prignitzischen Kriegs- und Domänenkammer (unterstellt der Kurmärkischen Kriegs- und Domänenkammer), Generalsuperintendentur der Altmark und der Prignitz.

Johann Joachim Winckelmann wird qua Geburt Untertan von Friedrich Wilhelm I. aus dem Haus Hohenzollern und seit 1713 König in Preußen und Kurfürst von Brandenburg. Sein Aufbau eines starken Heeres, mit dem er nur einmal Krieg führte, brachte ihm den Beinamen Soldatenkönig ein. Zuvor war die Mark Brandenburg – wie so viele Regionen Europas – von zwei dramatischen Jahrtausendereignissen betroffen. Die Kleine Eiszeit vom Ende des 16. Jahrhunderts bis in das letzte Drittel des 17. Jahrhunderts erreicht mit dem Jahrtausendwinter von 1708/1709 ihren Höhepunkt. Er gilt als der kälteste der vergangenen 500 Jahre. Die anhaltende Kälte verursacht im Folgejahr Missernten, Teuerung und Hungersnot in vielen Teilen Europas und trifft selbst Länder mit in der Regel milden Wintern wie Portugal oder Italien. Schätzungen gehen von bis zu 600.000 Hungertoten in Folge des Jahrtausendwinter aus. Unmittelbar im Anschluss führt die Große Pest von 1708 bis 1714 zu hohen Opferzahlen. Sie verbreitet sich während des Großen Nordischen Kriegs[5] in Nord- und Osteuropa mit Schwerpunkt im Ostseeraum. In diesen sieben Jahren kommen insgesamt mehr als eine Million Europäer durch die Pest ums Leben. Auch die Mark Brandenburg ist betroffen, und das heute berühmte Krankenhaus Charité in Berlin entsteht aufgrund der Pestgefahr. Der Großen Pest in Preußen fallen innerhalb weniger Jahre ein Drittel der Bevölkerung und die ganze Landwirtschaft zum Opfer.
In diese Zeit fällt der Regierungsantritt des Soldatenkönigs Friedrich Wilhelms I., Sohn von Friedrich I. von Preußen, seit 1701 erster König in Preußen und seit 1688 als Friedrich III. Kurfürst von Brandenburg und Herzog in Preußen. In dessen Regierungszeit setzt eine spürbare kulturelle Blüte in

[5] Ein zwischen 1700 und 1721 geführter Krieg um die Vorherrschaft im Ostseeraum.

Brandenburg ein. Der erste preußische König entfaltet eine standesgemäße Hofhaltung mit dem Versuch eine beachtete internationale Geltung zu erreichen. Sein Sohn wiederum ist dieser Art der Staatsführung nicht zugetan. Er bevorzugt alles Militärische zulasten des Zivilen, entwickelt die Armee zur Schule der Nation und setzt einen rigiden Sparkurs durch, wodurch die kulturelle Blüte abrupt unterbrochen wird.
Beim renommierten Historiker Christopher Clark heißt es zum Charakter von Vater und Sohn:

> „Friedrich war weltmännisch, offen, höflich, gesellig und umgänglich. Er sprach mehrere Fremdsprachen, darunter Französisch und Polnisch, und förderte bei Hof nach Kräften die Künste ebenso wie die Wissenschaft. [...] Friedrich Wilhelm I. dagegen war extrem misstrauisch, schroff, mitunter geradezu roh im Umgang und tendierte zu Wutausbrüchen und akuten Anfällen von Melancholie. Obwohl er über eine messerscharfe Intelligenz verfügte, bereitete ihm das Lesen und Schreiben schon in seiner Muttersprache große Mühe (gut möglich, dass er Legastheniker war). Jegliche Form von kultureller oder intellektueller Betätigung, die keinen unmittelbaren praktischen (und damit meinte er im Wesentlichen: militärischen) Nutzen hatte, betrachtete er mit großer Skepsis.“[6]

In diesem Umfeld kommt Johann Joachim Winckelmann als Sohn des armen Schusters Martin und seiner Frau Anna Maria zur Welt. Die Umstände sind dürftig. Schuhmacher gibt es in Stendal viele, sodass Winckelmanns Vater kaum Gelegenheit hat, sich wirtschaftlich zu etablieren. Am dritten Advent

---

[6] Clark, Christopher: *Preußen. Aufstieg und Niedergang 1600 – 1947.* München 112008, S. 105

wird Johann Joachim in der Petrikirche in der Nordwestecke der Altstadt von Stendal getauft. Paten sind der Kaiserliche Protonotarius Nicolaus Wernicke, der Schuhmacher Johann Georg Mechau und die Fleischersfrau Anna Gewalt. Die Petrikirche als die kleinste, aber älteste Pfarrkirche der Stadt gilt in Stendal mit seinen 3000 Einwohnern als die Kirche der kleinen Leute – recht passend also zu den kleinbürgerlichen Verhältnissen der Familie Winckelmann, deren Wohnzimmer gemeinsam mit der Werkstatt im Vorderhaus der heutigen Winckelmannstraße 36 (früher Lehmstraße 263) liegt. Johann Joachim soll das erste und einzige Kind der Eheleute bleiben und durch sein Talent und seine Intelligenz schnell auffallen und den engen Grenzen der Schuhmacherfamilie entkommen.
Als Spross einer unterprivilegierten Handwerkerfamilie ist Johann Joachim kein Weg in eine erfolgreiche Berufskarriere vorgezeichnet. Der Junge hat viel Glück und profitiert zunächst von der Einführung der allgemeinen Schulpflicht. Friedrich Wilhelm I. ist überzeugt, dass Schulbildung dazu beitragen kann, die Kinder zu guten Untertanen zu erziehen, und so erlässt er am 28. September 1717 ein Edikt, das zum Meilenstein bei der Einführung der allgemeinen Schulpflicht wird. Zudem sollen solide schulische Fähigkeiten dabei helfen, ein effizientes Beamtentum für sein auf Leistungsfähigkeit und ökonomisches Gewinnstreben ausgerichtetes Staatswesen aufzubauen. Die Schulpflicht soll nun per Verordnung für alle fünf- bis zwölfjährigen Kinder gelten, und zwar für Jungen und Mädchen. Und so wird Johann Joachim zu Ostern 1723 eingeschult – der Beginn einer herausragenden wissenschaftlichen Karriere. Schon an der Elementarschule muss Winckelmanns Talent für Sprachen aufgefallen sein, denn anstatt frühzeitig in die Fußstapfen seines Vaters zu treten und

sich auf eine Zukunft im handwerklichen Kleingewerbe vorzubereiten, wechselt der Junge mit zehn Jahren von der sogenannten Elementarschule auf die städtische Lateinschule.
Lateinschulen hießen seit dem Mittelalter Schulen, die ihre Schüler auf einen geistlichen Beruf oder ein späteres Studium an einer Universität vorbereiteten und an denen vor allem Latein unterrichtet wurde. Sie bestanden oft an einer Bischofskirche oder städtischen Gemeindekirche und gelten gemeinhin als Vorläufer der humanistischen Gymnasien des 19. Jahrhunderts und damit der heutigen altsprachlichen Gymnasien. Die alte Sprache ist damit Hauptgegenstand und nicht selten auch Unterrichtssprache, generell konzentriert sich der Stundenplan auf das klassische Trivium von Grammatik, Dialektik und Rhetorik. Die altgriechische Sprache kommt vor allem in Form des Neuen Testaments vor. Die Lateinschule von Stendal liegt im sogenannten Mönchskirchhof am Rande der Altstadt. Hier gab es zwei Klöster des Bettelordens der Franziskaner, und die Kinder wurden im ehemaligen Chor der dazugehörigen Kirche unterrichtet. Heute befindet sich darin das Stendaler Stadtarchiv, während im alten Repertorium der Klosteranlage seit Jahrzehnten die Stadtbibliothek in einem schönen Backsteinbau untergebracht ist.
Rektor der Lateinschule ist Esaias Wilhelm Tappert. Er war seit 1696 für rund 40 Jahre im Amt. An ihn und seine Frau erinnert ein Epitaph in der Kirche St. Marien, ebenso ein Zeugnis sakraler Backsteingotik im Zentrum Stendals. Er erkennt Winckelmanns Talent früh, der sich vor allem für die Rhetorik des berühmten römischen Konsuls Marcus Tullius Cicero und die Dichtung Vergils interessiert. Tappert fördert den Jungen nach Kräften und ernennt ihn 1732 sogar zu seinem Gehilfen, dem sogenannten Amanuensis. Der Begriff ist lateinischen Ursprungs und kann wörtlich als „Handarbeiter“

oder „Handlanger“ übersetzt werden. Das hat eine lange Tradition, so war beispielsweise der bekannte Staatstheoretiker Thomas Hobbes der Amanuensis von Francis Bacon, dem Philosoph und Wegbereiter des Empirismus. Als Gehilfe ist Winckelmann Begleiter, Sekretär und Vorleser des Rektors.

Welche Leistungen der junge Winckelmann erbringt und wie er damit von seinen Mitschülern wahrgenommen wird, gibt Haupt in den Worten des Schulfreunds Karl Friedrich Uden wieder: Er „erinnerte sich, dass Johann Joachim Winckelmann durch unablässiges Studieren bald solche Fortschritte machte, daß er in der Lateinischen und Griechischen Litteratur allen seinen Mitschülern zum Muster vorgestellet wurde‘“.[7]

Trotz aller Intelligenz ist Winckelmanns Dasein von bitterer Armut gezeichnet, und er ist auf die Unterstützung von Gönnern angewiesen. An Luxusausgaben ist nicht zu denken, es reicht nicht einmal für

> „[...] persönliche Dinge und zusätzlichen Unterricht (Geometrie, Geschichte und Geographie) [...] Um zu seinem Lebensunterhalt beizutragen, ließ sich der Junge in die Kurrende aufnehmen. In der Marienkirche betätigte er sich als Organist oder zog mit dem Laufchor umher. Viel zu oft fiel dafür der Nachmittagsunterricht aus. 1734 / 35 stand ihm als Präfekt der Kurrende ein Viertel der Einnahmen zu, sogenannte Freitische bei wohlhabenden Familien sicherten die tägliche warme Mahlzeit. Pfarrer Schröder und Oberküster Fulß, die Familie des Obergerichtsrats Goldbeck sowie der Lehrer Rassbach waren Winckelmanns ‚teure Seelen und Wohltäter‘.“[8]

---

[7] Haupt, *Winckelmann*, S. 14

[8] Haupt, *Winckelmann*, S. 14; eine Kurrende war ursprünglich ein aus be-

Durch die Kurrende wird Winckelmann vom Schulgeld befreit, zudem bekommt er Wohnung und Unterhalt im Rektorenhaushalt. Und es ist auch der nahezu erblindete Esaias Wilhelm Tappert, der Winckelmanns Eltern von der Bedeutung und Notwendigkeit der weiteren schulischen Ausbildung überzeugt. Der Junge soll später Theologie studieren, sodass der Vater schließlich seine Zustimmung erteilt. Das Problem: Johann Joachim Winckelmanns Familie bleibt arm, sodass der junge Mann ein Bittschreiben um finanzielle Zuwendung an den Magistrat der Stadt Stendal sendet. Fast kann man sagen, natürlich verfasst der Junge den Brief auf Latein und zeigt so einmal mehr seine hohe sprachliche Begabung (das Original befindet sich im Winckelmann-Museum Stendal). Unter anderem heißt es in dem Schreiben:

> „Euch, hochangesehenste Herren, bitte ich mit allem Nachdruck, und zwar so, daß ich überhaupt nicht mit größerem Eifer und aus tieferem Herzen bitten kann, daß Ihr, um Eurer Güte gegen die Studien der schönen Künste und Wissenschaften willen, mich Armen! mit der Wohltat unterstützt, mit der Ihr diejenigen Kinder von Bürgern guten Leumunds auszuzeichnen pflegt, die ernsthaft studieren."[9]

Der Erfolg im Jahr 1734: null. Das Schreiben wird nicht einmal beantwortet, weil niemand weiß, wann Winckelmann seine Schullaufbahn beenden wird. Und somit müssen der junge Mann und sein Förderer kreativ werden, damit er an

---

dürftigen Schülern bestehender Chor an protestantischen Schulen, der unter Leitung eines älteren Schülers (des Präfekten) von Haus zu Haus zog oder bei Festen etc. für Geld sang.

[9] *Winckelmann-Museum: Ein Gang durch die Ausstellung.* Herausgegeben von Max Kunze und Michael Wenzel. Ruhpolding/Mainz 2007

der Cöllnischen Lateinschule vor allem seine Kenntnisse in griechischer Sprache und Literatur schärfen kann. Allerdings war die Schule 1730 zusammen mit der St. Petri-Kirche und 40 weiteren Häusern einem Feuer zum Opfer gefallen, sodass die Schüler im Cöllnischen Rathaus unterrichtet werden. Die Stelle, an der sich die Schule – immerhin eine der ältesten Schulen Berlins und vermutlich im 15. Jahrhundert gegründet – befand, wurde später nie mehr bebaut. Tappert unterstützt seinen Gehilfen mit Büchergeld aus einer Stiftung, der Rektor der Cöllnischen Lateinschule Friedrich Bake, ein Freund Tapperts, nimmt Winckelmann für freie Kost und Logis als Hauslehrer und Aufsicht für seine Kinder in den Nachmittagsstunden auf.

An der Lateinschule werden zahlreiche Fächer unterrichtet, mit denen die Schüler auf das Studium zum Priesteramt vorbereitet werden sollen. Zugleich werden die klassischen Autoren studiert, wofür vor allem der Konrektor Christian Tobias Damm steht. Bei ihm lernt Winckelmann die wichtigen Klassiker kennen, unter anderem stehen Sophokles, Herodot und vor allem Homer auf dem Lehrplan. So ist es Damm, der die Liebe Winckelmanns zum Autor der *Ilias* und der *Odyssee* und als dem frühesten Dichter des Abendlandes weckt[10]. Damm studierte Klassische Philologie an der Universität Halle, schrieb ein etymologisches Wörterbuch zu den Werken Homers und Pindars sowie das *Handbuch der Mythologie der Griechen und Römer*. Neben Johann Joachim Winckelmann unterrichtet der Altphilologe auch die berühmten Aufklärer Friedrich Nicolai und Moses Mendelssohn. Er gilt als treibende Kraft dafür, dass die griechische Sprache und Literatur

[10] Die Bedeutung Homers ist für Winckelmanns Denken essentiell. Daher soll es hier bei der Andeutung bleiben. Der griechische Dichter wird im weiteren Verlauf der Einführung eine wesentliche Rolle einnehmen.

wieder Eingang in das deutsche Schulwesen fanden Seine Ansicht, dass die Griechen nachgeahmt werden müssten, wenn etwas Großes zum Vorschein kommen solle, wird Winckelmanns eigene Vorstellungen von der Kunst und der Bedeutung der alten Griechen stark prägen.

Winckelmanns Berliner Schulkarriere ist nicht von Zufriedenheit gekennzeichnet. Offensichtlich reicht ihm der nur sehr eingeschränkte Griechischunterricht nicht aus, um seine intellektuellen Bedürfnisse zu erfüllen. Im Herbst 1736 bricht er die Schule ab und kehrt frühzeitig in die Heimat zurück, um von dort aus nach Salzwedel zu gehen.[11] Begleitet wird er vom Verdikt des cöllnischen Lateinschul-Rektors Friedrich Bake, der aus seiner Enttäuschung über die Entscheidung des jungen Mannes keinen Hehl macht. Bake schreibt ins Zeugnis, Winckelmann sei ein rastloser und unsteter Mensch.

Für Winckelmann bietet sich die Altstädter Lateinschule an der Marienkirche im ehemaligen Franziskanerkloster von Salzwedel wohl vor allem deshalb an, weil dem seit 1718 amtierenden Rektor Johann Georg Scholle der Ruf besonders guter Griechischkenntnisse vorauseilt. Im Frühjahr 1738 legt Winckelmann dementsprechend bei Scholle sein Examen ab. Klaus-Werner Haupt berichtet über diese Zeit:

> „Tatsächlich konnte Winckelmann bei [Scholle] seine ‚schöne griechische Hand' herausbilden. Allerdings vernachlässigte er – wie er sich nicht schämte, in späteren Schriften zu bekennen – die Normen der deutschen Muttersprache und des Lateinischen. Im Frühjahr 1738 legte er bei dem redlichen Scholle sein Examen ab. Die Fach-

[11] Die Hansestadt Salzwedel ist heute Kreisstadt des Altmarkkreises Salzwedel in Sachsen-Anhalt und gehörte ab dem 16. Jahrhundert zum Salzwedelischen Kreis.

> werkstadt Salzwedel blieb ihm als ‚dignus amore locus', ein liebenswerter Ort, in Erinnerung. Grund dafür waren nicht zuletzt persönliche Bekanntschaften wie der zehnjährige Privatschüler Schuster und dessen Stiefvater Heller, bei dem Winckelmann in den Genuss von Freitischen kam. Weitere Kontakte bestanden zu der Familie des Schusters Rörs sowie zu dem Pfarrerssohn Gottfried Christian Roth aus Bombeck bei Osterwohle."[12]

Auch die weitere Basis für das wissenschaftliche Interesse an griechischen und römischen Klassikern legt Winckelmann in seiner Salzwedeler Zeit. Unter anderem besucht der Student Auktionen, auf denen Bücher des Gelehrten Johann Albert Fabricius versteigert werden. Dafür reist Winckelmann zu Fuß rund 120 Kilometer nach Hamburg und erwirbt durch die Unterstützung von Gönnern aus dem Nachlass von Fabricius zahlreiche klassische Werke.
Neben der Ausprägung der Fähigkeiten im Griechischen entwickelt Winckelmann vor allem erstes Interesse an praktischer Archäologie. Dies ist eng verbunden mit dem Pädagogen Johann Friedrich Danneil. Er gilt als einer der Begründer des Dreiperiodensystems, einer wissenschaftlichen Systematik der Archäologie. 1804 wurde er Lehrer am Gymnasium in Salzwedel, 1807 Subcondirektor und 1819 zum Direktor dieser Lehranstalt bestellt. In der Altmark befinden sich zahlreiche sogenannten Hünengräber aus der Jungsteinzeit, sodass die Archäologie dort eine lange Tradition besitzt. Johann Friedrich Danneil berichtet, dass Winckelmann dort in den 1740er Jahren als Lehrer mit seinen Schülern eigene Untersuchungen vorgenommen habe. Von Winckelmann selbst ist dazu nichts überliefert. Aber es wäre passend, dass Winckel-

[12] Haupt, *Winckelmann*, S. 20

mann in seiner Heimat den Zugang zu der Fachdisziplin findet, für die er heute noch steht.

Nach dem Examen im Frühling 1738 schreibt sich Winckelmann an der Theologischen Fakultät der Friedrichs-Universität Halle ein (heute Martin-Luther-Universität Halle-Wittenberg). Die Universität gilt als Ausgangspunkt der deutschen Aufklärung; dies ist eng verbunden mit den bedeutenden Namen Christian Thomasius und Christian Wolff. An der Friedrichs-Universität studierte zuvor übrigens der große Komponist Georg Friedrich Händel. Das Problem für Winckelmann ist, dass er weiterhin nicht über ausreichende Mittel verfügt, um sein bevorzugtes Studium der Medizin aufzunehmen. Also wird er Theologiestudent, weil diese Fakultät wirtschaftlich schwachen Studenten die Studiengebühren erlässt. Echte Begeisterung kann Winckelmann allerdings für das Theologiestudium nicht aufbringen; vermutlich erscheint ihm die Aussicht aufs evangelische Pfarrhaus in engen hierarchischen Grenzen als nicht sonderlich attraktiv.

Daher verwundert es nicht, dass Winckelmann weniger die Hörsäle der Theologischen Fakultät besucht als seinen bibliophilen Neigungen nachzugehen, die sich in den vergangenen Jahren herausgebildet haben. Der Student besucht verschiedene Bibliotheken der Stadt und Region, unter anderem die berühmte kurfürstliche Bibliothek im Dresdner Zwinger. Damit bereitet er sich (vielleicht noch unbewusst) auf eine an das Studium anschließende Tätigkeit als Bibliothekar vor: Winckelmann übernimmt die Ordnung der weit mehr als 13.000 Bände und rund 800 Handschriften umfassende Privatbibliothek von Johann Peter von Ludewig, dem Kanzler und Ordinarius der Juristischen Fakultät der Universität Halle. Er wurde 1729 ordentlicher Professor der Rechte in Nachfolge von Christian Thomasius und gründete im selben Jahr die „Wö-

chentlichen Hallischen Anzeigen“, die erste regelmäßig erscheinende Zeitung der Stadt Halle. Nachdem er 1741 Kanzler der Regierung des Herzogtums Magdeburg geworden war, erwarb er die adeligen Güter Bendorf, Pretz und Gatterstatt.
Winckelmann übernimmt also den Posten bei von Ludewig im Anschluss an sein vorzeitig beendetes Studium; die Einschätzung seines alten Rektors Bake, er sei ein rastloser und unsteter Mensch, soll sich hier wieder erweisen: Winckelmann fehlen zwei Semester, um zu den Prüfungen zugelassen zu werden. Zumindest erhält er im Februar 1740 ein wohlwollendes Abschlusszeugnis. Parallel arbeitet der junge Mann als Hauslehrer der Familie Grolmann in Osterburg (bis 1741). Motiviert durch die Herrin des Hauses widmet sich Winckelmann auch dem Studium der neuen Sprachen, vor allem Englisch.
Die Tätigkeit beim Ordinarius der Juristischen Fakultät eröffnet Winckelmann in erster Linie die Möglichkeit, länger in Halle zu bleiben und sich stärker mit weiteren akademischen Disziplinen und modernen, innovativen Gelehrten zu befassen, unter anderem die Altertumskunde, die Winckelmann künftig begleiten soll. Aber auch hier gilt: Winckelmann ist kein fleißiger Student, sondern interessiert sich mehr für praktische Ansätze wie die universitätseigene Münzsammlung und die briefliche Korrespondenz mit dem Gelehrten, Bibliothekar und klassischen Philologen Johann Matthias Gesner. Von 1730 bis 1734 wirkt er als Rektor der Thomasschule zu Leipzig. Bei der Gründung der Georg-August-Universität im Jahr 1734 wird Gesner als Professor für Poesie und Beredsamkeit nach Göttingen berufen und übernimmt als solcher gleichzeitig die Leitung der Göttinger Universitätsbibliothek. Gesner wurde mit seinen Reformideen für den Schul- und Universitätsunterricht zu einem der wirksamsten Wegbereiter

des Neuhumanismus.

Apropos Gesner: Er hat in Jena studiert, im frühen 18. Jahrhundert einer der begehrtesten Studienorte in Deutschland. Und so entscheidet sich auch Winckelmann nach seiner Hallenser Zeit für die Alma Mater Jenensis (heute Friedrich-Schiller-Universität), um dort – in der Hoffnung auf niedrige Studiengebühren – Medizin zu studieren, also seinem ursprünglichen Studienwunsch nachzugehen. Dass er das Studium nicht abschließt, kann man sich nun fast denken. Immerhin entwickelt er eine weitere Neigung für die Naturwissenschaften, lernt das Italienische und Englische weiter und erfährt aus dem Bibliothekskatalog der Universität vom sogenannten „Rysselschen Katalog". Der 1741 von Friedrich von Ryssel herausgegebene Band dokumentiert die griechische Handschriftensammlung der königlichen Bibliothek zu Paris. diese Werke will Winckelmann studieren und begibt sich dafür auf die Reise nach Paris. Er verkauft sogar seine Bücher, um Geld dafür zu sammeln. Dieses geht ihm aber schon in Hessen aus. Er dreht also um und kehrt erschöpft zurück; seine Armut macht ihm das Leben einmal mehr schwer.

Winckelmann sucht nun erneut eine Anstellung und findet diese als Hauslehrer auf dem Amt Hadmersleben, die er immerhin von Frühjahr 1742 bis Frühjahr 1743 ausübt. Diese Position unterscheidet sich in zwei Elementen deutlich von vorhergehenden Stellen:

> „Da er inzwischen akademisch gebildet und durchaus selbstbewusster geworden war, kam es diesmal gelegentlich zu Problemen im Dienst des Oberamtsmanns des Magdeburgischen Domkapitels, Lamprecht. W[inckelmann] unterrichtet dessen ältesten Sohn Friedrich Wilhelm Peter. Für W[inckelmann] erwuchs daraus eine – pädagogisch

intendierte und zelebrierte – Liebesbeziehung, die homoerotische Züge hatte, eine, unter steter Betonung antiker Vorbilder, tiefe Zuneigung, die sich über Jahre spannungsvoll zwischen Gefühlsdichte und Bitterkeit bewegte."[13]

Auch Haupt meldet sich hinsichtlich der eher speziellen Lehrer-Schüler-Beziehung zu Wort:

> „In den folgenden neun Monaten entwickelte der junge Lamprecht ein vertrauensvolles Verhältnis zu seinem ungewöhnlichen Lehrer. Wie einst der homerische Mentor fühlte Winckelmann seine Bestimmung darin, für seinen Zögling zu leben und zu leiden. Trotz aller Enttäuschungen bezeichnete er ihn noch 1765 als seine ‚erste Liebe und Freundschaft'."[14]

Winckelmanns großer Vorteil ist, dass er unter anderem den ehemaligen dänischen Gesandtschaftssekretär in Paris, Ludwig von Hanses, kennenlernt und dessen umfangreiche Bibliothek nutzen kann. Sonst ist die Zeit nicht von großer Freude geprägt: er gerät mit der Hausherrin in Streit und wird geschlagen. Das ist der Anfang vom Ende seiner Hauslehrertätigkeit auf dem Amt Hadmersleben, das er ursprünglich einer Lehrerstelle in Arneburg an der Elbe und dem Konrektorat der Lateinschule in Seehausen vorgezogen hat. Diese Stellen sind ihm vom Generalsuperintendent der Altmark und Prignitz, Johann Rudolph Nolten, Winckelmann angeboten worden. Er beaufsichtigt das Schulwesen, hält große Stücke auf Winckelmann und stellt ihm ein ausgezeichnetes

[13] Disselkamp, Martin / Testa, Fausto [Hrsg.]: *Winckelmann-Handbuch: Leben – Werk – Wirkung.* Stuttgart 2017, S. 9f.

[14] Haupt, *Winckelmann*, S. 27

Zeugnis aus – mit dem sich Winckelmann nun doch um das Konrektorat der Lateinschule in Seehausen bemüht, das zunächst sein Kommilitone Friedrich Eberhard Boysen 1742 übernommen hat, der nun einen Nachfolger sucht. Er wird Diakon an der Magdeburger Johanniskirche, nachdem er viel für die Lateinschule unter anderem im Sinne der Modernisierung des Schulwesens getan hat. Boysen setzt sich beeindruckt durch Schriftproben Winckelmanns und getrieben von Mitleid für den bekümmerten Freund, dafür ein, dass sein Studienfreund die Stelle erhält:

> „Er war so schlecht bekleidet und von einem alten Kummer dergestalt entstellt, daß ich ihn kaum noch kannte […] Ich nahm mich seiner, nachdem er mich durch bewundernswürdige Proben von seinem großen Talent und von seiner Stärke in der griechischen Literatur überzeugt hatte, aus allen Kräften an; und ich habe es dahin gebracht, daß er mein Nachfolger im Amt geworden ist."[15]

Winckelmann legt eine Probevorlesung ab, um damit das in Halle nicht absolvierte theologische Examen zu ersetzen, und hält eine lateinische Rede. Im Kern unterrichtet der frischgebackene Konrektor alte und neue Geschichte, treibt den Griechischunterricht voran und lehrt Geometrie mit praktischen Übungen im Gelände.

Doch auch in der Hansestadt Seehausen am Aland, einem Nebenarm der Elbe (heute gelegen im Landkreis Stendal), soll Winckelmann beruflich scheitern. Früh gibt es Ärger in der Lateinschule. Im November 1744 rebellieren Schüler, sodass

[15] Boysen an Gleim (10. August 1743), in: Winckelmann, Johann Joachim: *Briefe.* Vier Bände. Hrsg. von Walther Rehm und Hans Diepolder. Berlin 1952–1957 hier: Band 3, S. VI

der Streit von der Stadt gerichtlich entschieden werden muss. Viele Schüler verlassen die Lateinschule. Winckelmann wiederum unterwirft sich nicht der pädagogischen Ästhetik, die in Kleidung und Haartracht kaum vom evangelischen Pfarramt zu unterscheiden ist. Er kauft lieber Anzüge in Leipzig, damit er sich „nicht schämen brauche, wenn [er] unter vornehme Leute“ geh und nicht „nach schulmeisterlicher Art in schwarze Lappen gehüllt“ ist.[16] Generell verweigert Winckelmann die aktive Teilnahme am kirchlichen Leben, obgleich doch der Lehrerberuf eng an die Kirche gebunden war. Er liest sogar während der Predigt seinen Homer und darf daher nur noch Elementarunterricht leisten. Beruflich kommt er also nicht voran, wiewohl er aufgrund seiner Gastlichkeit und Bescheidenheit Ansehen unter der Bevölkerung genießt. Um sein Gehalt aufzubessern, nimmt Winckelmann auch sogenannte Pensionäre auf, junge Männer, die bei ihm als Schüler leben und über die er wiederum Zugang zu bestimmten Kreisen findet.

Zugleich bringt er seine eigenen Studien voran und befasst sich intensiv mit verschiedenen Themen, vor allem lateinischen und griechischen Klassikern sowie griechischen Schriften zur Mathematik und Philosophie. Im Mittelpunkt steht Homer, der Autor der *Ilias* und der *Odyssee* und damit frühester Dichter des Abendlandes. Winckelmann hält sich schon damals selbst für einen „einsame[n] Pionier der Homerlektüre“[17]. Ebenso setzt er seine Studien des Italienischen und Englischen fort und unternimmt Reisen zu Freunden und in Bibliotheken, um dort so viele Bücher wie möglich zu studie-

---

[16] Winckelmann, *Briefe*, Band 1, S. 80

[17] Bäbler, Balbina: „Winckelmanns lateinische Gedichte aus Homer“, in: Lehmann, Gustav Adolf / Engster, Dorit / Nuss, Alexander [Hrsg.]: *Von der bronzezeitlichen Geschichte zur modernen Antikenrezeption.* Göttingen 2012, S. 163-182, hier S. 176

ren. So pflegt er auch seine Freundschaften zu Boysen, den Pfarrern Christian Friedrich Papier und Daniel Steinhart, vielen alten Studienkollegen sowie dem Schneidermeister Johann Gottfried Schwechten (für dessen Tochter Winckelmann Taufpate ist). Dieser Freundschaftsgedanke ist ohnehin existenziell für Winckelmann, wie Johann Wolfgang Goethe es darstellt:

> „Die leidenschaftliche Erfüllung liebevoller Pflichten, die Wonne der Unzertrennlichkeit, die Hingebung eines für den andern, die ausgesprochene Bestimmung für das ganze Leben, die notwendige Begleitung in den Tod setzen uns bei Verbindung zweier Jünglinge in Erstaunen, ja man fühlt sich beschämt, wenn uns Dichter, Geschichtsschreiber, Philosophen, Redner mit Fabeln, Ereignissen, Gefühlen, Gesinnungen solchen Inhaltes und Gehaltes überhäufen. Zu einer Freundschaft dieser Art fühlte W. sich geboren, derselben nicht allein sich fähig, sondern auch im höchsten Grade bedürftig; er empfand sein eigenes Selbst nur unter der Form der Freundschaft, er erkannte sich nur unter dem Bilde des durch einen Dritten zu vollendenden Ganzen.“ [18]

Winckelmann ist damit wohl schon ein frühes Beispiel für das Freundschaftsideal der Aufklärung, das sich im Verlaufe des 18. Jahrhunderts immer weiter entfaltet. Und noch mehr: Für ihn sind diese Freundschaften auch praktisch von hohem Nutzen. In dem größer werdenden Freundeskreis korrespondiert Winckelmann eifrig, trifft sich mit vielen Menschen für

[18] Goethe, Johann Wolfgang: *Winkelmann und sein Jahrhundert: in Briefen und Aufsätzen.* Tübingen 1805; Zugriff am 1. Dezember 2020 unter https://digi.ub.uni-heidelberg.de/diglit/goethe1805/0114

Diskussionen über Literatur und Kultur und lernt durch diesen Zirkel auch bedeutende Werke kennen, etwa die Gemäldesammlung von Johann Friedrich Conradi mit Arbeiten von van Dyck, Rubens, Veronese, Holbein, Tintoretto und Cranach.

Rund fünfeinhalb Jahre soll Winckelmanns Zeit in Seenhausen dauern. Am 10. August 1748 nimmt er Abschied. Er ist jetzt fast 31 Jahre alt und als Konrektor deklassiert. Seine Pensionäre sind ausgezogen und er sucht jetzt den Weg in eine freiere Welt, in der seine Kenntnisse wirklich angenommen werden. Johann Rudolph Nolten schreibt ihm einmal mehr ein wohlwollendes Zeugnis: Winckelmann verfüge über überdurchschnittliche Kenntnisse der griechischen Literatur, die „einer bessern Belohnung wären werth gewesen, wenn man sie in den hiesigen Gegenden hätte ertheilen können“[19]. Kurzum: Das klingt nach vergebener Liebesmühe und verschenkter Lebenszeit; mit seinem Talent ist Winckelmann augenscheinlich zu mehr berufen als zum Konrektor in der Provinz – auch wenn seine allzu laxe Arbeitshaltung und seine Ablehnung bestimmter berufsständischer Normen ihr Übriges hinzugeben, ihm das Leben nicht gerade leichter zu machen.

Indes gelingt es Winckelmann schnell beruflichen Anschluss zu finden. Er erhält Nachricht von einer Vakanz in der Privatbibliothek auf Gut Nöthnitz des Reichsgrafen Heinrich von Bünau. Der Sohn des kursächsischen Kanzlers Heinrich von Bünau war ein deutscher Staatsmann und Historiker in der Zeit der Aufklärung. Beide wurden am 24. März 1742 gleichzeitig in den Reichsgrafenstand erhoben. 1751 wurde Heinrich von Bünau der Jüngere obervormundschaftlicher Statthalter des Herzogtums Sachsen-Eisenach und 1756 Premierminister in Weimar und zum Ehrenmitglied der Göttinger

[19] Winckelmann, *Briefe*, Band 4, S. 380

Akademie der Wissenschaften gewählt. Sein Schloss Nöthnitz liegt heute in der Gemeinde Bannewitz im Freistaat Sachsen. 1629 kauft der kursächsische Oberkammerherr und Hofmarschall Heinrich von Taube auf Reichstädt Nöthnitz für 6500 Gulden und lässt um 1630 den Renaissancebau des Schlosses von einem heute unbekannten Baumeister errichten. Nöthnitz geht dann 1681 in den Besitz der Familie Vitzthum von Eckstädt über und fällt 1739 nach der Vermählung mit Christiane von Arnim in den Besitz von Heinrich Graf von Bünau, der hier ab 1740 seine etwa 42.000 Bände umfassende, öffentlich benutzbare Privatbibliothek aus Dresden unterbringt. Die Bünauische Bibliothek ist seinerzeit weit über Nöthnitz hinaus bekannt, sie gehörte zu den umfangreichsten Büchersammlungen in Sachsen.

Anfang September 1748 beginnt Winckelmann also seinen Dienst in der gräflichen Bibliothek Bunaviana, die von Johann Michael Francke geleitet wird. Winckelmanns Aufgabe in den ersten Jahren ist die Materialsammlung und -auswertung für das mehrteilige Werk *Genaue und umständliche teutsche Kayser- und Reichs-Historie* des Grafen von Bünau. Winckelmann arbeitet hart für den Grafen und an seiner eigenen Bildung. Beispielsweise bietet ihm die Bibliothek „Gelegenheit, sich mit wertvollen antiquarischen Stichwerken zu beschäftigen“[20]. Im Anschluss soll Winckelmann die Arbeit am *Catalogus Bibliothecae Bunavianae* übernehmen, also die Katalogisierung der gräflichen Bestände. Diese Arbeit nervt Winckelmann und erinnert ihn an seine freudlose Zeit als Lehrer, sodass er nur des Nachts die antiken Klassiker und andere Gelehrte wie Michel de Montaigne lesen kann. Trotz allem schätzt er den hohen Freiheitsgrad, den er beim Grafen von Bünau genießt. Dieser lässt Winckelmann sogar alle zwei Wo-

[20] Haupt, *Winckelmann*, S. 37

chen nach Dresden reisen, um dort genau die Gemälde in der Galerie Royale zu studieren. Für diese Gelegenheit lehnt Winckelmann sogar die außerordentlich gut dotierte Stellung als Direktor des fürstlichen Gymnasiums in Eisenach ab, auch weil er hier wieder seine persönliche Freiheit in Gefahr sah. Offenbar sind die Erinnerungen an die Gängelungen in der Seenburger Lateinschule zu schlecht, als dass die Aussicht auf eine Bestellung als Gymnasialdirektor mit dem Gehalt eines sehr gut verdienenden Handwerksmeisters auf ihn eine allzu hohe Attraktivität ausgeübt hätte.

Apropos Freiheit: Dieser Begriff spielt für Winckelmann eine besondere Rolle, obwohl er als angestellter Bibliothekar anerkannt ist und seinen Dienstherrn sehr verehrt. Winckelmann sucht nach einem in eigenen Worten „ruhigen eigenen Stand“[21] und meint, nur als „Architekt seines eigenen Lebens und Glücks“[22] in der Rolle des freien Schriftstellers seiner echten Berufung nachgehen zu können. Dabei bezieht sich Winckelmann eben auch auf Michel de Montaigne, der vor allem persönliche Unabhängigkeit zum Bildungsziel erhoben hat. Diese Vorstellung wird Winckelmann immer weiter antreiben und schließlich auch den weiteren Weg des Gelehrten bestimmen.

Dazu passt, dass Winckelmann bei einem Besuch der Residenzstadt Potsdam seine Begeisterung für die Antike ausbaut. Er findet dort Erinnerungen an Athen und Sparta und entwickelt immer festere Pläne nach Rom zu gehen. Dafür sucht Winckelmann am Dresdner Hof Zugang zu bestimmten Kreisen, die ihm diese Möglichkeit eröffnen könnten. Dort lernt er unter anderem den Jesuiten Leo Rauch kennen, Beichtvater des Königs Friedrich August II., Sohn von August

---

[21] Zit. nach Haupt, *Winckelmann*, S. 41

[22] Ebd.

des Starken. Einen Förderer für seine Rom-Pläne findet Winckelmann schließlich in Alberico Archinto, Kardinal der Römischen Kirche und von 1746 bis 1754 apostolischer Nuntius am polnisch-sächsischen Hof in Dresden. Archinto stellt Winckelmann eine Position bei Domenico Silvio Passionei in Aussicht, ebenfalls Kardinal der Römischen Kirche und seit 1741 stellvertretender Bibliothekar der Vatikanischen Bibliothek unter Angelo Maria Quirini, dem er 1755 im Amt des Bibliothekars nachfolgt. In dem Jahr wird er auch als auswärtiges Mitglied in die Königlich Preußische Sozietät der Wissenschaften aufgenommen. Kardinal Passionei unterhält selbst eine umfangreiche Büchersammlung mit zahlreichen Handschriften, die 1761 in den Bestand der Biblioteca Angelica in Rom direkt neben der Kirche Sant'Agostino in der Nähe der Piazza Navona übergeht. Sie ist eine öffentlich zugängliche Forschungsbibliothek mit Sammlungsschwerpunkten bei Schöner Literatur, Literaturgeschichte und Kirchengeschichte. Winckelmann soll mindestens ein Jahr in Rom bleiben. Seine Begeisterung ist groß:

> „Ich bin nunmehro über ein halbes Jahr hier, und ich muß gestehen, daß ich noch lange nicht alles gesehen habe. Rom ist unerschöpflich und man macht noch immer neue Entdeckungen; und wenn einmal ein Pabst kommen sollte, der mehr Geschmack, mehr Liebe zu dem Alterthum hat, als dieser, der nichts thut, als über die ganze Welt lachen und den Charakter eines Bouffon auch in einem so hohen Alter noch nicht abgelegt hat, so würden noch Sachen ans Licht kommen können, die besser sind alles, was wir haben. Man weiß die Gegenden, wo man graben müßte und wo itzo elende Häuser stehen. Ganz Rom seufzet nach einem neuen Pabst: Dieser lebet allen Menschen,

sondern den Cardinälen zu lange: aber seine Gleichgültigkeit erhält ihn der Welt zum Trotz."[23]

„Everything comes with a price. You can never gain something if you don't sacrifice something of equal value", lautet ein englisches Sprichwort. Das bedeutet so viel wie: Alles hat seinen Preis. So auch Winckelmanns beruflicher Wechsel nach Rom. Schließlich soll er zum Katholizismus konvertieren, was Winckelmann auch bestätigt. Damit steht er in Tradition von August des Starken, der für die polnische Krone 1697 den römisch-katholischen Glauben angenommen hatte, und dessen Sohn Friedrich August II., der sich 1712 in Bologna während seiner mehrjährigen Kavalierstour (also die große Bildungsreise adliger bzw. wohlhabender Kreise) durch Europa heimlich katholisch taufen ließ, um die Voraussetzung für eine spätere Nachfolge als König in Polen zu schaffen.[24] Winckelmann schiebt eine Konversion etwas hinaus und tritt erst 1754 in der Privatkapelle von Alberico Archinto im Beisein des Jesuiten Rauch zum römisch-katholischen Glauben über. Die Abkehr von seiner ursprünglich evangelisch-lutherischen Konfession fällt ihm aber nicht schwer, nachdem sein guter Bekannter, Pfarrer Johann Gottfried Mehner, seine Konversionspläne in einem Gottesdienst vor versammelter Gemeinde eröffnet und darstellt: Winckelmann wolle voller Reue in den Schoß der – aus Mehners Sicht – einzig wahren

[23] Goethe, *Winkelmann und sein Jahrhundert*

[24] Konversionen aus Karrieregründen sind zu der Zeit nicht selten. Ein Beispiel ist der Maler Anton Raphael Mengs, ab 1751 sächsischer Oberhofmaler und wesentlicher Wegbereiter und Vertreter des Klassizismus. Mengs ist ab 1751 Mitglied der „Accademia di San Luca" und ab 1755 Mitglied des „Cavaliere di speron d'oro" („Ritter des Ordens vom Goldenen Sporn"). In dem Jahr lernen er und Winckelmann sich in Rom kennen und entwickeln eine enge Freundschaft in ihrem gemeinsamen Ansinnen, ein neues Verständnis von der antiken Kunst zu vermitteln.

Kirche zurückzukommen. Durch die Konversion öffnet Winckelmann nun das Tor für seinen Weg nach Rom. Es soll der größte Schritt seines Lebens werden, und die Geistesgeschichte hätte großen Schaden genommen, wenn Winckelmann dieser Schritt nicht möglich gewesen wäre.

Winckelmanns Weg nach Rom führt ihn zunächst über Dresden. Dresden ist heute eine Kunst- und Kulturstadt von Weltrang und war in den Jahren 2004 bis 2009 Weltkulturerbestätte der UNESCO. Die Stadt beherbergt über 50 Museen, mehr als 35 Theater und Kleinkunstbühnen, herausragende Klangkörper und bekannte Bauwerke verschiedener Epochen. In der ehemaligen Residenzstadt und heutigen Landeshauptstadt befinden sich die Kunstsammlungen des Kurfürstentums, des Königreichs und des Freistaats Sachsen. Die Stadt, seit langem auch als Elbflorenz bezeichnet, wird vom kunstsinnigen Friedrich August I. nach italienischem Vorbild gestaltet und so baut er als leidenschaftlicher Kunstsammler die Stadt zur Konkurrentin anderer Städte mit bedeutenden Kunstsammlungen aus. Friedrich August I. sammelt Porzellan, antike Plastiken, naturhistorische Preziosen und wertvolle Bücher, die in heute so bekannten Einrichtungen wie dem Zwinger, dem Grünen Gewölbe und der kurfürstlichen Bibliothek (Sächsische Landesbibliothek – Staats- und Universitätsbibliothek Dresden) untergebracht sind.

Winckelmann kennt in Dresden bereits eine ganze Reihe von wichtigen Persönlichkeiten und kann beispielsweise in der Königlichen Galerie mit den rund 4700 Gemälden ein- und ausgehen. Und so entsteht in Dresden das erste Werk Winckelmanns, das unvollendete Essay *Beschreibungen der vorzüglichen Gemälde der Dreßdner Gallerie* von 1752. Der Autor bewertet und beschreibt insgesamt 68 Gemälde und will mit dieser Form des Sendschreibens auf die besonderen Kunstwerke von Elbflorenz aufmerksam machen. Sein Beschreibungsstil ist von Empfindungen und Erkenntnissen geprägt. Er schreibt zum Einstieg in seinen Text:

> „DAS größte Stück von Correggio, an drei Mannslängen hoch, ist gleichfalls eine sitzende Madonna mit etlichen Heiligen und einem Bischof in einem reichen Habit, und ist auf Leinewand gemalet, so wie eine andere Madonna fast in eben der Größe mit einem Evangelisten und dem hl. Franziska zur Seiten und neben jedem eine Nonne. Sie sind von seiner ersten Manier, die in des Andrea Mantegna seine fällt. Aber Richardson hat nicht wohl gesehen, wenn er die Manier des ersten von diesen zwei letzten Stücken mit dem hl. Georgen vergleichet. Man siehet mit Vergnügen und Verwunderung den Sprung von seiner ersten bis zu seiner vollkommensten Manier.' Außer diesen großen Stücken ist ein Porträt eines Medici von Correggio, doch nicht von seiner besten Manier; auch aus Modena."[25]

Zur Form der Beschreibungen schreibt Klaus-Werner Haupt:

> „Sein Sprachstil war noch vom Seicento (Elegante), der barocken italienischen Kunst des 17. Jahrhunderts, beeinflusst. Erste Hinweise auf seinen klassizistischen Geschmack geben solche Begriffe wie Kontur (Umriss, Linie) und Zeichnung. Wörter wie Geist, Reiz, Zärtlichkeit oder Leidenschaft stehen für Empfindungen, die Phrase ‚mit frecher Feder' bedeutet großzügig oder leidenschaftlich.

---

[25] Uhde-Bernays, Hermann [Hrsg.]: *J. J. Winckelmanns kleine Schriften und Briefe: Kleine Schriften zur Geschichte der Kunst des Altertums.* Band 1. Leipzig 1925, S. 257

Winckelmanns Charakterisierung eines Kunstwerkes als ‚für ein denkend Auge gemacht' findet sich in seinen Schriften häufig wieder. Damit kreiert er einen neuen Beschreibungsstil, der sowohl von Empfindungen als auch von Erkenntnis geprägt war."[26]

Die Dresdner Phase dauert bis September 1755, länger als gedacht. Seine erste abgeschlossene Veröffentlichung und der Höhepunkt seines Schaffens schlechthin binden Winckelmann einige weitere Monate an das Elbflorenz. Die meisterhaften *Gedanken über die Nachahmung der Griechischen Werke in der Malerei und Bildhauerkunst* erscheinen in Dresden und auf Anraten Brühls widmet Winckelmann das Werk Friedrich August II. Auf diese Weise umgeht er die allfällige Zensur und erhält auch noch eine finanzielle Zuwendung, um endlich nach Rom zu reisen, dort seine Studien fortzusetzen und in die Dienste der katholischen Geistlichkeit mit direkter Anbindung an den Vatikan zu treten. Nach einer aufregenden und aufreibenden Reise erreicht Winckelmann am 18. November die Ewige Stadt und sollte die erste Enttäuschung erleben: Alberico Archinto reagiert sehr abweisend auf Winckelmann, der schließlich auch aufgrund der Bestärkung des hochrangigen Geistlichen den Weg erst auf sich genommen hatte.
Glücklicherweise erhält Winckelmann schnell Zugang zum bekannten Maler Anton Raphael Mengs und kommt hierdurch mit vielen Persönlichkeiten in Kontakt. Winckelmann erhält gar eine Audienz bei Papst Benedikt XIV., der ihn unter seinen Schutz stellt. Auch Kardinal Domenico Silvio Passionei, leitender Bibliothekar der Biblioteca Apostolica Vaticana, steht zu seinem Wort und überträgt Winckelmann die

[26] Haupt, *Winckelmann*, S. 52

Aufgabe, in seiner Privatbibliothek die griechischen Manuskripte zu rezensieren. Ebenso gestattet Kardinal Passionei seinem Bibliothekar den freien Zutritt in die Vatikanischen Bibliotheken. Winckelmann ist begeistert und will am liebsten dauerhaft in Rom bleiben, wenn er denn eine dauerhafte Stellung finden könnte. Und so vernetzt sich der deutsche Gelehrte mehr und mehr in Rom, weitet seine Kenntnisse unter anderem durch archäologische Studien aus und befasst sich eingehend mit der antiken Kunst, von der Rom nahezu übervoll scheint.

Winckelmann lernt die wichtigen Kunstwerke aus erster Hand kennen und schreibt über alles, was ihm für sein Verständnis der Kunst und der Kunstgeschichte wichtig erscheint. Seine Veröffentlichungen reichen so weit, dass Romreisende schon mit einer von Winckelmann beeinflussten Erwartungshaltung in die Ewige Stadt kommen. Der Bibliothekar nutzt jede Gelegenheit, die Kunstschätze und Sammlungen Roms zu begutachten, um mit aller Gründlichkeit und Sorgfalt zu publizieren. Insgesamt beschreibt er mehr als 30 der besuchten Sammlungen, und alle seine Gedanken haben letztlich das Ziel, den griechischen Ursprung der größten Kunstwerke nachzuweisen und die Meisterschaft der Alten damit zu belegen.

Rom ist für Winckelmann das große Ganze, die Ewige Stadt wird ihrem Ruf für ihn völlig gerecht; er will gegen nichts in der Welt tauschen:

> „Alles ist nichts gegen Rom; ich glaubte, ich hätte Alles schon vorher studirt, und siehe, da ich hierher kam, sah ich, daß ich Nichts wußte. Hier bin ich kleiner geworden, als da ich aus der Schule in die bünau'sche Bibliothek kam. Köpfe von unendlichen Talenten, Menschen von ho-

hen Gaben, Schönheiten von dem hohen Charakter, wie sie die Griechen gebildet haben [...].“[27]

In der Weltmetropole entwickelt Winckelmann seine akademischen und intellektuellen Fähigkeiten zügig weiter. Er versteht sich auf Griechisch, Latein und Hebräisch, Französisch und Englisch und lernt Arabisch und Italienisch. Er wird Mitglied in mehreren renommierten Institutionen (Kaiserliche Akademie der Künste, Königliche Gesellschaft der Wissenschaft, Accademia Etrusca di Cortona, Accademia di San Luca di Roma), entdeckt Neapel und die antiken Ausgrabungsstätten (und den Umgang damit) sowie weitere kulturreiche Stätten und lernt wichtige Persönlichkeiten kennen (auch weil er sich regelmäßig als kundiger Reisebegleiter betätigt). Dieses Netzwerk wiederum führt auch dazu, dass er beruflich neuen Boden unter den Füßen spürt. So arbeitet er für Baron Philipp von Stosch, einen deutschen Diplomaten, Antiquar, Numismatiker und Gemmenforscher. Er gilt als einer der bedeutendsten Antikensammler des 18. Jahrhunderts. Baron von Stoschs Sammlung antiker Gemmen und Gemmenabdrücke ist bis heute eine der wichtigsten derartigen Sammlungen weltweit und einer der Grundstöcke der Antikensammlung Berlin. Nach dem Tod des römischen Dienstherrn Archinto tritt Winckelmann in den Dienst von Kardinal Alessandro Albani, den Neffen von Papst Clemens XI. Albani ist besonders an Kunst interessiert und errichtet 1760 die Villa Albani in Rom, in der er römische und griechische Kunst sammelt. Zur Finanzierung der Villa muss er einen Teil seiner umfangreichen Sammlung verkaufen, der sich heute in den Kapitolinischen Museen befindet. Die künstlerische Ausgestaltung der Villa Albani wird von Johann Joachim Winckel-

[27] Zit. nach Haupt, *Winckelmann*, S. 94

mann und Anton Raphael Mengs vorgenommen. Winckelmann bezieht vier Zimmer in Albanis Stadtpalast und kümmert sich um die Bibliothek und das Kabinett wertvoller Handzeichungen und Kupferstiche.

In diese Zeit fällt auch Winckelmanns weitere Beschäftigung mit der Archäologie als Wissenschaft im Golf von Neapel – also in der Region, die vom Ausbruch des Vesuvs in der zweiten Hälfte des Jahres 79 stark in Mitleidenschaft gezogen worden ist. Die Städte Herculaneum, Pompeji, Stabiae und Oplontis wurden komplett zerstört. Zu Winckelmanns Zeit werden verschiedene Fundstellen freigelegt, unter anderem die Villa dei Papiri. Als Villa dei Papiri (italienisch für „Villa der Papyri") oder auch Pisonenvilla wird eine große römische Villenanlage bei Herculaneum bezeichnet. Die Villa wird 1750 von dem Schweizer Archäologen Karl Weber entdeckt und erhält ihren Namen von den dort gefundenen Schriftrollen, einer der wenigen Funde einer Bibliothek aus römischer Zeit. Winckelmann kritisiert den Umgang mit den antiken Funden. Diese werden zum Teil nachlässig restauriert oder schlichtweg zerstört, man hält sie für minderwertig. Aus der sogenannten Quadriga von Herculaneum wird einfach ein neues Kunstwerk geschaffen, das „Cavallo Mazzocchi". Es befindet sich heute im Museo Archeologico Nazionale di Napoli.

Winckelmanns Weiterentwicklung verläuft sehr prominent. Nicht nur, dass er das römische Leben genießt und nach einigen Jahren in Italien viele Eigenschaften der Dortigen angenommen hat. 1763 wird er zum „Commissario delle Antichità dell Camera Apostolica" ernannt (Präsident der Altertümer zu Rom). Damit ist er unter anderem für die Ausfuhr von Antiken und die Registrierung von Fundorten verantwortlich. Zudem bringt es dieses Amt mit sich, dass Winckelmann hochrangigen Gästen die Antiken Roms näherbringen soll. Er wird sogar von Papst Clemens XIII. mit Geld ausgestattet und kommt insgesamt auf ein Gehalt von rund 500 Talern im Jahr. Damit sieht Winckelmann seine finanzielle Zukunft gesichert.

Selbst in Winckelmanns Heimat Preußen hat man den Wert des Gelehrten erkannt. Der Neurömer soll nach dem Willen des preußischen Herrschers Friedrich II. (Friedrich der Große) die Königliche Bibliothek betreuen. Winckelmann lehnt ab, das Gehalt von 1000 Talern erscheint ihm nicht ausreichend, weil im Vergleich dazu andere Gelehrte am preußischen Hofe mehr Geld und Würde erhalten. Der italienische Schriftsteller, Kunstkritiker und Kunsthändler Francesco Algarotti beispielsweise, der unter anderem im Auftrag des Hofes Kunst einkauft, wird zum Kammerherrn des Königs ernannt, erhält eine jährliche Pension von 3000 Talern und wird am 23. April 1747 mit dem neugeschaffenen Orden Pour le Mérite ausgezeichnet. Ebenso erhält er einen preußischen Grafentitel.

Damit bleibt Winckelmann in Italien und setzt seine Tätigkeiten gezielt fort. In den 1760er Jahren entstehen weitere Werke. 1764 schließlich kann er sein Hauptwerk *Geschichte der Kunst des Altertums* herausgeben. Winckelmann stellt darin nicht lediglich die Geschichte der Kunst dar, sondern er entwirft auch ein umfassend entwickeltes System der griechischen Kunst. Im Kern ist es eine Charakteristik des Stils der Plastik nach den Bestandteilen und nach Typen und Klassen des Idealschönen. Winckelmann ist es auch, der für die Beurteilung der antiken Kunst den Entwicklungsgedanken einführt. Sein großes Verdienst ist es, die Rezeption der griechischen Antike aus dem Feld der antiquarischen Buchgelehrsamkeit hin zu einer sinnlich-erotischen Rezeption antiker

Kunst hinausgeführt zu haben. Winckelmanns Bild der römischen und griechischen Antike beeinflusste wesentlich den Geist des deutschen Klassizismus, ganz besonders den der Weimarer Klassik. Auch die Vorstellung, dass die antike Architektur und damit auch die Plastik zumeist weiß gewesen sei, geht letzten Endes auf Winckelmann zurück.

Winckelmanns Ende kommt jäh und auf dramatische Weise. Im April 1768 tritt der Gelehrte zusammen mit dem Bildhauer Bartolomeo Cavaceppi eine Reise an, die ihn zu Freunden in seiner alten Heimat führen sollte. Unter anderem will Winckelmann nach Leipzig, Dessau und Berlin, auch Hannover und Göttingen reisen. Das Problem: Eine Krankheit und die Beschwerlichkeiten der Reise führen zu einem melancholischen Anfall, der ihn die Reise bereits in Regensburg abbrechen lässt. Auf dem Rückweg wird er in Wien von Kaiserin Maria Theresia empfangen und reist dann nach Triest, eine in Norditalien am Golf von Triest gelegene Hafenstadt. Das soll sein Schicksal besiegeln. Am 8. Juni 1768 wird er brutal ermordet. Im Hotel Grand Hotel Duchi d'Aosta an der Piazza dell'Unità d'Italia wohnt Winckelmann im Zimmer neben dem vorbestraften Koch Francesco Arcangeli. Winckelmann freundet sich mit ihm an und zeigt ihm die Sammlung von Gold- und Silbermünzen, die er von Kaiserin Maria Theresia erhalten hatte. Durch den Anblick der Münzen motiviert, versucht Arcangeli zunächst, sein Opfer mit einem Seilstück zu erwürgen. Als dies nicht gelingt, sticht Francesco Arcangeli ihn mit sieben Messerstichen nieder. Das Geschehen ist sehr gut dokumentiert. Winckelmanns Gegenwehr ist so heftig, dass beide Hände verletzt werden, als er zur Abwehr des Messers in die Klinge fasst. Fünf der sieben Stiche, die den Körper Winckelmanns treffen, sind lebensgefährlich, sodass der Gelehrte langsam und elend verblutet, aber den Behörden noch genaue Angaben zum Angriff machen kann. Er nennt den Täter beim Namen und Habgier als Motiv. Winckelmann stirbt rund sechs Stunden nach dem Angriff, Francesco Arcangeli kann mit allen Gegenständen, die mit dem Mord in Verbindung stehen, gefasst werden. Arcangeli wird zum Tod durch Rädern verurteilt, nachdem ihm der Mord nachgewiesen worden ist.

Die Prozessakten der für damalige Verhältnisse sehr akribisch durchgeführten Untersuchung des Tathergangs liegen auch in deutscher Übersetzung vor. Laut Geständnis des Täters soll tatsächlich Gier das Mordmotiv sein, wobei es weiterhin Spekulationen über andere Hintergründe gibt. Vor allem Winckelmanns homoerotische Neigungen spielen dabei eine Rolle. Hatte Winckelmann, der die aufgefundenen antike Statuen mit Zügen von Jünglingen als das höchste Ideal in der Kunst erachtet, ein Verhältnis mit Arcangeli, sodass der italienische Koch den deutschen Gelehrten beispielsweise aus Eifersucht tötet? Das erscheint reichlich unwahrscheinlich.

> „[Aus] der seit 1965 vollständig auf Deutsch publizierten Gerichtsakte bekannt, dass Arcangeli gerade nicht dem von Winckelmann in Kunst und Leben bevorzugten Typus eines Epheben entsprach, sondern im Gegenteil über dreißig Jahre alt, dick und pockennarbig war. Während des Verfahrens ist von der Homosexualität des Opfers keine Rede, nicht einmal als Verteidigungsstrategie, wie sie in literarischen Adaptionen des Stoffes vorkommt. Statt sich als Opfer eines Übergriffs zu gerieren, denunziert Arcangeli den Toten wahlweise als Juden, Lutheraner und Spion. Dass er sich Strick und Messer vor der Tat eigens besorgt hat, macht ein spontanes Handgemenge ohnehin mehr als

unwahrscheinlich."[28]

Winckelmann wird in dem Gemeinschaftsgrab einer Bruderschaft auf dem Friedhof der Kathedrale San Giusto in Triest bestattet. Sein Grab gerät zunächst in Vergessenheit. Im Jahr 1802 reist der Schriftsteller Johann Gottfried Seume durch Italien und berichtet in seinem Werk *Spaziergang nach Syrakus* im Jahre 1802 darüber, dass er im gleichen Hotel in Triest wie Winckelmann gewohnt habe und das Grab habe aufsuchen wollen. Aber niemand konnte es ihm zeigen. Die Bluttat war, zumindest vor Ort, knapp 35 Jahre später vergessen. Aber: Etwa 40 Jahre nach dem Ereignis bemüht sich Graf Domenico Rossetti de Scander (Triestiner Rechtsanwalt, Politiker und Mäzen) als Erster um eine möglichst detailgetreue Darstellung des Tathergangs nach den Prozessakten. Rossetti beauftragt auch den Bildhauer Antonio Bosa und dessen Lehrer Antonio Canova mit der Konzeption eines Denkmals zur Erinnerung an Winckelmann, das im Jahre 1822 vollendet und 1833 im Friedhof der Kathedrale von Triest, dem heutigen Lapidarium, aufgestellt wurde – also fast 60 Jahre nach Winckelmanns Tod.
Und auch in internationalen Kreisen ruft der Tod Bestürzung hervor. Der preußische König Friedrich II., der Schriftsteller Gotthold Ephraim Lessing, Leopold III. Friedrich Franz, Fürst und Herzog von Anhalt-Dessau sind tief bestürzt: Für sie ist der Mord an dem großen Gelehrten und Vorreiter der Kunstgeschichte, der Archäologie und der Altertumsforschung ein schwerer Schlag. Sein Einfluss auf die Gedankenwelt des 18. Jahrhunderts und darüber hinaus ist gigantisch,

[28] Schmälzle, Christoph: „Schauriges Ende in grellen Farben", in: *Frankfurter Allgemeine Zeitung* (6. August 2018), Zugriff am 6. Dezember 2020 unter https://www.faz.net/aktuell/feuilleton/kunst/winckelmanns-tod-in-triest-wirft-noch-heute-fragen-auf-15628256-p2.html

und zumindest bis vor einigen Jahren war Winckelmanns Formel der „edle[.] Einfalt und stille[.] Größe" fester Inhalt der gymnasialen Oberstufe im Fach Deutsch. Dass Winckelmann auch tief im 21. Jahrhundert nicht vergessen werden soll, darum bemühen sich unter anderem Institutionen wie die Winckelmann-Gesellschaft und das Winckelmann-Museum in Stendal sowie interessierte und kundige Autoren, die die Person Winckelmann und dessen Denken aus verschiedenen Perspektiven betrachten. Diese Einführung soll einen entsprechenden Beitrag zu dieser publizistischen Entwicklung leisten, die das Erbe Johann Joachim Winckelmanns bewahren will.

II. Winckelmanns Bild der Antike

Wie sich bereits mehrfach gezeigt hat, befasst sich Johann Joachim Winckelmann deutlich lieber mit den Toten als mit den Lebenden. Zeitgenössische Kunst ist nicht sein Interesse, vielmehr hat er eine deutliche Neigung zur Antike, die er sowohl theoretisch (in seinen Schriften) als auch praktisch (in seinen Grabungen) auslebt. Dementsprechend befassen sich Winckelmanns bedeutendste Schriften mit der Antike und weisen seine Rezeption dieser Epoche aus. Neben den *Gedanken über die Nachahmung der griechischen Werke in der Malerey und Bildhauerkunst* besteht sein Hauptwerk vor allem aus der *Geschichte der Kunst des Alterthums.* Das Werk ist 1764 in Dresden erschienen und steht voll und ganz in Winckelmanns Denktradition, das Studium der Kunstwerke selbst als Voraussetzung für Kunstkennerschaft zu erfassen und Kunstgeschichte als Abkehr von der Künstlergeschichte zu sehen. Winckelmann thematisiert die Kunst selbst als historischen Verlauf, der sich in einer von einem klimatischen und kulturellen Kontext abhängigen stilistischen Entwicklung manifestiert.

Schon in seiner Vorrede zur *Geschichte der Kunst des Alterthums* macht Winckelmann dies deutlich:

> „Die Geschichte der Kunst des Altertums, welche ich zu schreiben unternommen habe, ist keine bloße Erzählung der Zeitfolge und der Veränderung in derselben, sondern ich nehme das Wort Geschichte in der weiteren Bedeutung, welche dasselbe in der griechischen Sprache hat, und meine Absicht ist, einen Versuch eines Lehrgebäudes zu

liefern. […] Die Geschichte der Kunst soll den Ursprung, das Wachstum, die Veränderung und den Fall derselben, nebst dem verschiedenen Stile der Völker, Zeiten und Künstler lehren, und dieses aus den übriggebliebenen Werken des Altertums, so viel möglich ist, beweisen. Es sind einige Schriften unter dem Namen einer Geschichte der Kunst an das Licht getreten; aber die Kunst hat einen geringen Anteil an denselben: denn ihre Verfasser haben sich mit derselben nicht genug bekannt gemacht und konnten also nichts geben, als was sie aus Büchern oder vom Sagenhören hatten. In das Wesen und zu dem Innern der Kunst führt fast kein Skribent, und diejenigen, welche von Altertümern handeln, berühren entweder nur dasjenige, wo Gelehrsamkeit anzubringen war, oder wenn sie von der Kunst reden, geschieht es teils mit allgemeinen Lobsprüchen, oder ihr Urteil ist auf fremde und falsche Gründe gebaut."[29]

Das bedeutet: Kunstgeschichte kann nicht funktionieren, wenn die Kunst nicht tatsächlich praktisch im Mittelpunkt dieser Untersuchungen steht. Geschichtsschreibung über die Kunst im Allgemeinen und über die Kunst der Antike im Besonderen muss immer darauf basieren, was man selbst erforscht, nicht aus Büchern rezipiert hat. Man kann in Winckelmanns Verständnis nichts Sinnvolles über die Kunst sagen, ohne tatsächliche Kenntnisse von dieser zu haben. Daher steht der Gelehrte mit seiner *Geschichte der Kunst des Alterthums* vor der selbstgestellten Herausforderung, nur das zu beschreiben, was er wirklich kennt und damit beurteilen kann. Winckelmann kritisiert sehr deutlich das Vorgehen

[29] Winckelmann, Johann Joachim: *Geschichte der Kunst des Altertums.* Berlin 2003 (E-Book Edition), S. 7f.

zahlreicher Autoren, die den gegenteiligen Weg beschritten haben. Als Beispiel dafür nennt er George Turnbull (1698 bis 1748), ein schottischer Philosoph, Theologe, Lehrer, Schriftsteller für Bildung und eine frühe, aber wenig bekannte Figur in der schottischen Aufklärung. Im Jahr 1740 veröffentlichte Turnbull eine Abhandlung über antike Malerei, in der er sich für den pädagogischen Nutzen der schönen Künste aussprach, basierend auf der Idee, dass Malerei eine Art Sprache sei, die Ideen und Wahrheiten über Leben, Philosophie und Natur preisgibt.

Dieses Vorgehen reicht Winckelmann nicht aus, entspricht es doch nicht dem Grundsatz des Gelehrten, die Rezeption der griechischen Antike aus dem Feld der antiquarischen Buchgelehrsamkeit herauszuführen. Ihm geht es um nicht mehr und nicht weniger, als die Entwicklung der absoluten Schönheit der antiken griechischen Kunst herauszuarbeiten: „Von der Einfalt der Gestalt ging man zur Untersuchung der Verhältnisse, welche Richtigkeit lehrte, und diese machte sicher, sich in das Große zu wagen, wodurch die Kunst zur Großheit und endlich unter den Griechen stufenweise zur höchsten Schönheit gelangte."[30]

Man muss in der deutschen Geistesgeschichte eine Generation vor Winckelmann zurückgehen und sich die Entwicklung der deutschen Ästhetik anschauen, um den Gelehrten besser zu verstehen. Alexander Gottlieb Baumgarten (1717 bis 1762) hat das Wort „Ästhetik" geprägt und das Programm einer Ästhetik als einer eigenen philosophischen Disziplin entworfen.

> „Baumgarten wollte der Logik, die er als Lehre von der Verstandeserkenntnis begriff, eine *Lehre von der sinnlichen*

[30] Winckelmann, *Geschichte der Kunst des Altertums*, S. 21

> *Erkenntnis*, der *Aisthesis* zur Seite stellen, eine *scientia cognitionis sensitivae*. Er war einer der ersten, die gegenüber der einseitigen Wertschätzung rationaler, begrifflicher Erkenntnis in der Aufklärung den Eigenwert und die besondere kognitive Leistung sinnlich anschaulichen Erlebens betonten. Zu einer solchen Ästhetik gehörte für ihn auch eine Theorie des Ausdrucks solcher sinnlicher Erkenntnis. Er betonte, daß für die Vermittlung sinnlicher Erkenntnis die Form ihres Ausdrucks sehr viel wichtiger sei als im Fall der Verstandeserkenntnis. Ästhetik ist also für Baumgarten auch Wissenschaft vom Ausdruck [...][31]

Kurz gesagt: Die Ästhetik ist das Gegenstück der Logik. Während sich Letztere mit der Verstandeserkenntnis beschäftigt, untersucht Erstere die sinnliche Erkenntnis. Davon ausgehend analysiert sie die Erscheinungsweisen des Schönen und leitet Regeln für die Kunst ab. Die Forschung hat darin indes einen Widerspruch zu den Werten und Vorstellungen Winckelmanns gesehen. Baumgartens *Aesthetica* hebt die Kunst im Hinblick auf die Erkenntnis über eine „propädeutische [oder] bloß Moral vermittelnde Funktion“ hinaus und spricht der Kunst als „sinnlich anschauende Erkenntnis [...] eine eigene ‚Vollkommenheit‘ [zu]; sie war nicht mehr bloß Vorstufe der höheren deutlichen, d.h. philosophischen Erkenntnis“[32]. Diese Ästhetik sei streng systematisch, aber weder empirisch noch historisch fundiert. Ihre Bestimmung von Schönheit als sinnlicher Erscheinung der Vollkommenheit oder als vollkommener sinnlicher Erscheinung (hierbei nehme Baumgarten die Gedankenwelt Kants vorweg) bleibe letztlich inhalts-

[31] Kutschera, Franz von: *Ästhetik*. Berlin/New York 1988, S. 1

[32] Jørgensen, Sven Aage / Bohnen, Klaus / Øhrgaard, Per: *Aufklärung, Sturm und Drang, frühe Klassik 1740—1789*. München 1990 (= *Geschichte der deutschen Literatur* Band VI), S. 335f.

leer.[33]

„Schönheit“ ist generell eine wesentliche Kategorie des 18. Jahrhunderts und wesentlich für die Kunsttheorie:

> „Die Kunstbeschreibung unterliegt um die Mitte des 18. Jahrhunderts einigen einschneidenden Wandlungen. Sie wird nachdrücklicher als je zuvor ästhetisch und sie wird mehr denn je geschichtsbewußt. Die Ästhetisierung der Kunst, der der sprachliche Nachvollzug in der Beschreibung Rechnung zu tragen hat, will die Absonderung des Schönen vom Guten und Wahren. Dieses Schöne soll sich als eigengesetzlich, als autonom erweisen lassen und nicht mehr nur Vehikel sein für außerästhetische, begriffliche oder moralische Gehalte. Und dem Eigenen der Kunst, dem Individuellen der Werke, wächst auch die Dimension der Zeit zu: Es wird als Besonderheit des Vergangenen tendenziell fremd und will durch neue Anstrengungen des Verstehens, der Hermeneutik, in die Gegenwart herübergerettet werden.“[34]

Diesen Schönheitsbegriff definiert Winckelmann in seiner *Geschichte der Kunst des Alterthums* anders. Er bezweifelt die Möglichkeit einer philosophischen Definition der Schönheit, sondern Schönheit müsse konkret gezeigt werden; dies gelinge über die „Darstellung der schönen Gestalt“, wie Winckelmann eine entsprechende Überschrift nennt:

> „Die Schönheit, als der höchste Endzweck und als der

---

[33] Vgl. ebd., S. 336

[34] Pfotenhauer, Helmut: „Winckelmann und Heinse. Die Typen der Beschreibungskunst im 18. Jahrhundert oder die Geburt der neueren Kunstgeschichte“, in: *Goethezeitportal*, Zugriff am 15. Dezember 2020 unter http://www.goethezeitportal.de/index.php?id=1892

> Mittelpunkt der Kunst, erfordert vorläufig eine allgemeine Abhandlung, in welcher ich mir und dem Leser eine Genüge zu tun wünschte; aber dieses ist auf beiden Seiten ein schwer zu erfüllender Wunsch. Denn die Schönheit ist eins von den großen Geheimnissen der Natur, deren Wirkung wir sehen und alle empfinden, von deren Wesen aber ein allgemeiner deutlicher Begriff unter die unerfundenen Wahrheiten gehört. Wäre dieser Begriff geometrisch deutlich, so würde das Urteil der Menschen über das Schöne nicht verschieden sein, und es würde die Überzeugung von der wahren Schönheit leicht werden; noch weniger würde es Menschen entweder von so unglücklicher Empfindung oder von so widersprechendem Dünkel geben können, daß sie auf der einen Seite sich eine falsche Schönheit bilden, auf der andern keinen richtigen Begriff von derselben annehmen […].“[35]

Daraus wird deutlich, dass es für Winckelmann wünschenswert erscheint, einen allgemeingültigen Schönheitsbegriff zu schaffen. Er ist aber sicher, dass es nicht möglich ist, sich dieser Begriffsschaffung theoretisch zu nähern. Schließlich könne man beim Schönheitsbegriff als einer philosophischen Betrachtung nicht wie in der Geometrie vorgehen. Über Schönheit nachzudenken bedeute, „aus lauter einzelnen Stücken wahrscheinliche Schlüsse zu ziehen“. Bislang habe das nicht funktioniert, wie Winckelmann in seiner Vorrede kritisiert. Viele Beschreibungen von Kunstwerken seien entstanden, ohne diese Werke mit den Augen eines Künstlers zu betrachten. Die Autoren urteilten nur, ohne zuvor die Kunst wirklich erfasst zu haben. [36]

[35] Winckelmann, *Geschichte der Kunst des Altertums*, S. 124
[36] Vgl. ebd., S. 133

„Untersuchungen und Kenntnisse der Kunst wird man vergebens suchen in den großen und kostbaren Werken von Beschreibung alter Statuen, die bis jetzt bekannt gemacht worden sind. Die Beschreibung einer Statue soll die Ursache der Schönheit derselben beweisen und das Besondere in dem Stile der Kunst angeben: es müssen also die Teile der Kunst berührt werden, ehe man zu einem Urteile von Werken derselben gelangen kann. Wo aber wird gelehrt, worinnen die Schönheit einer Statue besteht? Welcher Skribent hat dieselbe mit Augen eines weisen Künstlers angesehen?"[37]

Winckelmanns Ansinnen ist es, konkret zu aufzuzeigen, was schön ist. Und dies gelingt ihm eben nur durch ganz konkrete Analysen und Beschreibungen von Kunstwerken in einer anschaulichen Sprache, die das wiedergibt, was das originale Kunstwerk tatsächlich ausmacht. Für Winckelmann entstehen die meisten Probleme der Altertumskundler übrigens aus Unachtsamkeit bei der archäologischen Grundsatzarbeit. Denn viele Kunstwerke seien derart ‚restauriert' und ergänzt worden, dass sie sich weit vom Original unterschieden. Die Gelehrten seien jedoch nicht in der Lage, diese Zusätze von dem wahren Alten (im Hinblick auf die verstümmelten und verlorenen Stücke) zu unterscheiden.[38] Ein generelles Beispiel für falsche Einordnungen der Altertumsforscher ist das einer in der Villa dei Papiri[39] aufgefundenen frühaugusteischen Bron-

[37] Ebd., S. 8

[38] Vgl. Winckelmann, *Geschichte der Kunst des Altertums*, S. 12

[39] Villa dei Papiri (Pisonenvilla) war eine große römische Villenanlage bei Herculaneum. Die Villa wurde 1750 von dem Schweizer Archäologen Karl Weber entdeckt. Ihre Namen erhielt sie von den dort gefundenen Schriftrollen, einer der wenigen Funde einer Bibliothek aus römischer Zeit. In der Villa wurden zahlreiche Kunstwerke aus Bronze gefunden, die sich jetzt im Archäologischen Nationalmuseum Neapel befinden. Die erste von König

zebüste: Diese wurde aufgrund des Griechenbartes für ein Abbild des Philosophen Platon gehalten. Tatsächlich aber handelt es sich um die Büste des Gottes Dionysos. Er ist in der griechischen Götterwelt der Gott des Weines, der Freude, der Trauben, der Fruchtbarkeit, des Wahnsinns und der Ekstase. Winckelmann sitzt jedoch auch selbst ebenso falschen Einordnungen auf, die er erst später korrigiert. Ein Beispiel dafür ist die Marmorstatue der römischen Göttin Diana. Diana ist in der römischen Mythologie die Göttin der Jagd, des Mondes und der Geburt, Beschützerin der Frauen und Mädchen. Ihr entspricht die Artemis in der griechischen Mythologie. Diese Statue einer Artemis wurde 1760 in Pompeji ausgegraben, zwei Jahre später hat Winckelmann sie im Museum in Portici 1762 gesehen und untersucht. Sein Urteil fällt deutlich aus:

> „Den Haaren gab man vielmals eine Hyazinthenfarbe; an vielen Statuen sind dieselben rot gefärbt, wie an der angeführten Etrurischen Diana zu Portici, und eben daselbst an einer kleinen Venus von drei Palmen, welche sich ihre benetzten Haare mit beiden Händen ausdrückt, und an einer bekleideten weiblichen Statue mit einem idealischen Kopfe in dem Hofe des Musei daselbst. An der Mediceischen Venus waren die Haare vergoldet wie an dem Kopfe eines Apollo im Campidoglio; am deutlichsten aber fand es sich an einer schönen Pallas in Lebensgröße von Marmor unter den herkulanischen Statuen zu Portici, und das Gold war in so dicken Blättern aufgelegt, daß dasselbe konnte abgenommen werden; es waren die abgelösten

Karl III. von Spanien (Carlo V. von Sizilien/Carlo VII. von Neapel und Sizilien) initiierte Ausgrabung durch Karl Weber erfolgte von 1750 bis 1765. Man erforschte die Villa, die von etwa 20 bis 30 Meter vulkanischem Schlamm bedeckt war, durch Tunnelsysteme.

> Stückchen noch vor fünf Jahren aufgehoben."[40]

Winckelmann hatte die Statue aufgrund ihres Lächelns, das er als „archaisch" definierte, zunächst der etruskischen Kunst zugeordnet. Erst Münzen aus den griechischen Kolonien, etwa aus Syrakus, ließen Winckelmann erkennen, dass es sich bei dem Lächeln um ein spezifisches Merkmal der frühen griechischen Kunst handelte. Damit hatte ihn die falsche Einordnung auf die Spur der Farbigkeit der Antike gebracht: Der Weg war frei, die Artemis als wichtigster erhaltener Beleg für die Farbigkeit griechischer Marmorplastik zu erkennen.
Zuvor war Winckelmann der Überzeugung, dass die Antike „weiß" gewesen sei. Die antiken Statuen, die seit der Renaissance nach und nach ans Tageslicht traten, zeigten meist nur den weißen Marmor, aus dem sie gefertigt waren, nicht aber ihre ursprünglich bunte Bemalung. Winckelmann, der diese Statuen kannte und beschrieb, wird hauptsächlich und einseitig mit der an ihnen entwickelten Vorstellung einer weißen Antike in Verbindung gebracht. Das hängt auch mit Winckelmanns Schönheitsideal der Antike zusammen:

> „Die Farbe trägt zur Schönheit bei, aber sie ist nicht die Schönheit selbst, sondern sie erhebt dieselbe überhaupt und ihre Formen. Da nun die weiße Farbe diejenige ist, welche die meisten Lichtstrahlen zurückschickt, folglich sich empfindlicher macht, so wird auch ein schöner Körper desto schöner sein, je weißer er ist, ja er wird nackend dadurch größer, als er in der Tat ist, erscheinen, so wie wir sehen, daß alle neu in Gips geformten Figuren größer als die Statuen, von welchen jene genommen sind, sich vor-

[40] Winckelmann, *Geschichte der Kunst des Altertums*, S. 176

stellen."[41]

Winckelmann erhob damit den reinweißen Marmor zur ästhetischen Norm für die Kunst der klassischen Antike, die als Maßstab für die Kunst schlechthin galt. Dieser Gedanke hat historische Vorbilder, hatte nicht schon Michelangelo seinen David aus diesem reinen und wertvollen Material geschaffen. Dies hat das Denken bis heute geprägt:

> „Bis heute hält sich das Bild von der marmorfarbenen Antike in unseren Köpfen, auch wenn die Rekonstruktion anders aussieht. Das knallig Bunte, Krieger in missoniartig gemusterten Leggings – eben das passt nicht ins Bild, passt nicht zu einer Kulturepoche, die allem Bisherigem und wohl auch allem Kommenden überlegen sein soll. Es braucht die strahlend weißen Figuren, um zu Interpretationen in der Manier Winckelmanns zu kommen."[42]

Doch durch die Artemis kommt Winckelmann seinem eigenen Fehlurteil auf die Spur. Spätere Überlegungen überzeugten ihn davon, dass der zunächst als archaisch verstandene Charakter der Statue einer nachträglich erfolgten Stilisierung aus dem ersten Jahrhundert nach Christus stammt.[43] Denn die Farbreste an der Statue sind nicht zu übersehen, was Winckelmann schließlich dazu führt, die sogenannte antike Polychromie anzuerkennen. Die antike Polychromie bezeichnet die Farbigkeit von Baudenkmälern und Skulpturen des klassi-

[41] Winckelmann, *Geschichte der Kunst des Altertums*, S. 128f.

[42] Artikel „Marmorfarben statt multicolor – was Winckelmann sieht", in: *Goethezeitportal*, Zugriff am 18. Dezember 2020 unter http://www.goethezeitportal.de/wissen/projektepool/goethe-schiller-co/die-weimarer-klassik/marmorfarben-statt-multicolor-was-winckelmann-sieht.html

[43] Vgl. Haupt, *Winckelmann*, S. 123

schen griechischen und römischen Altertums. Das folgt der Erkenntnis, dass alle Völker des Altertums (Ägypter, Sumerer, Babylonier etc.) ihre Tempel, Paläste und Bilder farbig gestalteten, und auch im alten Griechenland gab es seit ältester Zeit Tempelbauten mit farbiger Terrakotta. Antike Skulpturen wurden ebenso mit kräftigen Farben bemalt wie die Bauwerke dieser Epoche. Damit wäre das Ideal der „weißen Antike" eigentlich schon widerlegt. Der Fehler der Fokussierung auf dieses Ideal war eben schon im 18. Jahrhundert bekannt, wie Winckelmanns Bemerkungen zeigen. Aber: „Das Bemalen von Marmor und Stein hielt Winckelmann für eine ‚barbarische Sitte'"[44], sodass der Gelehrte trotz allem an seinem Verdikt der weißen Antike festhält, offensichtlich wider besseres Wissen. Diese Vorstellung sollte sich eben lange halten: Noch 1817 schreibt Johann Martin Wagner, Bildhauer, Maler und Kunstagent des Bayernkönigs Ludwig I., kritisch:

> „Es mag uns nach unserm heutigen Geschmack und neuen Ansichten wohl auffallend und sonderbar vorkommen, Statuen zu erblicken, welche bey ihrer vollkommenen Ausführung in Marmor auch noch zum Theil bemalt waren. [...] Wir wundern uns über diesen scheinbaren bizarren Geschmack, und beurteilen ihn als eine barbarische Sitte, ein Überbleibsel aus früheren, roheren Zeiten."[45]

Damit wurde offensichtlich noch lange der Standpunkt vertreten, das Weiße sei die originäre Farbe der Antike. Winckelmann und seine Nachfolger taten farbige antike Skulpturen

---

[44] Rothenburg, Karl-Heinz von: *Geschichte und Funktion von Abbildungen in lateinischen Lehrbüchern. Ein Beitrag zur Geschichte des textbezogenen Bildes.* Frankfurt am Main, 2009, S. 65

[45] Wagner, Johann Martin von: *Bericht über die Äginetischen Bildwerke im Besitze S. K. Hoheit des Kronprinzen von Baiern.* Stuttgart u.a. 1817, S. 219

entweder als primitive Frühformen ab oder rechneten sie dem Sonderfall der etruskischen Kunst zu. Dabei konnten bereits zu Beginn des 19. Jahrhunderts Forscher bei archäologischen Ausgrabungen in Athen und Rom eindeutige Farbreste an zahlreichen Marmorfiguren entdecken. Dies wurde schlichtweg ignoriert, sodass das Verdikt der ‚weißen Antike' mehr und mehr als Ideologie erscheint denn als gesicherte und haltbare Erkenntnis. Das Fehlerhafte dieser Haltung, die es zu revidieren gilt, hat Johann Martin Wagner übrigens bestätigt, wenn er schreibt:

> „Hätten wir vorerst unsere Augen rein und vorurtheilsfrey, und das Glück zugleich, einen dieser griechischen Tempel in seiner ursprünglichen Vollkommenheit zu sehen, ich wette, wir würden unser voreiliges Urtheil gern wieder zurücknehmen und preisen, was wir jetzt zu verdammen uns herausgenommen."[46]

[46] Wagner, *Bericht über die Äginetischen Bildwerke*, S. 219f.

II.I Die Beschreibung des Apollo von Belvedere

Neben den zahlreichen Beschreibungen kleinerer und größerer Kunstwerke in der *Geschichte der Kunst des Alterthums* hat sich Winckelmann dezidiert auch einigen sehr bedeutenden Werken des Altertums gewidmet und diese eingehend betrachtet. Dazu gehört beispielsweise der Apollo von Belvedere. Das ist eine ist eine weit mehr als zwei Meter große antike Marmorskulptur, die Ende des 15. Jahrhunderts in der Villa Neros in Anzio wiederentdeckt wurde und seither als ein herausragendes Beispiel klassischer Bildhauerkunst gilt. Erstmals tauchte der Apoll im Besitz des zukünftigen Papstes Julius II. auf, der ihn 1471 in seinem Palast aufstellen ließ. Ab 1511 war er dann im Hof in Belvedere im Vatikan zu sehen. Sie befindet sich heute im Statuenhof des Vatikanischen Belvedere und ist Teil der Antikensammlung der Vatikanischen Museen. Der Apoll vom Belvedere ist die Kopie eines griechischen Bronzeoriginals, das um 330 bis 320 vor Christus entstand. „Erst später erkannte man, dass es sich um eine römische Marmorkopie nach einem verlorenen griechischen Bronzeoriginal handelt. Dieses könnte mit einer in antiken Quellen genannten Apollonstatue des berühmten Bildhauers Leochares im Heiligtum des Apollon Patroos an der Athener Agora identisch gewesen sein.“[47] Apollo ist in der griechischen und römischen Mythologie der Gott des Lichts, der Heilung, des Frühlings, der sittlichen Reinheit und Mäßigung sowie der Weissagung und der Künste, insbesondere der Musik, der Dichtkunst und des Gesangs; außerdem ist er ein Gott der Heilkunst und der Bogenschützen. Die Statue zeigt Apollo als Bogenschützen in der Bewegung. In der linken Hand hielt er

[47] Artikel „Apoll vom Belvedere“, Zugriff am 19. Dezember 2020 unter http://viamus.uni-goettingen.de/fr/sammlung/ab_rundgang/q/07/01

den Bogen, in der rechten vermutlich einen aus dem Köcher gezogenen Pfeil. Bekleidet ist er nur mit einer Chlamys, die um seine Schultern und über den linken Ellbogen hängt. Winckelmann schwärmt in höchsten Tönen von der Statue, und durch den deutschen Gelehrten erlangte die Statue Weltruhm:

> „Die Statue des Apollo ist das höchste Ideal der Kunst unter allen Werken des Altertums, welche der Zerstörung derselben entgangen sind. Der Künstler hat dieses Werk gänzlich auf das Ideal gebaut, und er hat nur ebenso viel von der Materie dazu genommen, als nötig war, seine Absicht auszuführen und sichtbar zu machen. Dieser Apollo übertrifft alle andern Bilder desselben so weit, als der Apollo des Homerus den, welchen die folgenden Dichter schildern.
> Über die Menschheit erhaben ist seine Gestalt, und seine Stellung zeugt von der ihn erfüllenden Größe. Ein ewiger Frühling, wie in dem glücklichen Elysium, bekleidet die reizende Männlichkeit vollkommener Jahre mit gefälliger Jugend und spielt mit sanften Zärtlichkeiten auf dem stolzen Gebäu seiner Glieder. Gehe mit deinem Geiste in das Reich unkörperlicher Schönheiten und versuche ein Schöpfer einer himmlischen Natur zu werden, um den Geist mit Schönheiten, die sich über die Natur erheben, zu erfüllen: denn hier ist nichts Sterbliches, noch was die menschliche Dürftigkeit erfordert. Keine Adern noch Sehnen erhitzen und erregen diesen Körper, sondern ein himmlischer Geist, der sich wie ein sanfter Strom ergossen, hat gleichsam die ganze Umschreibung dieser Figur erfüllt.“[48]

[48] Winckelmann, *Geschichte der Kunst des Altertums*, S. 309

Man kann sich auch als außenstehender Betrachter sehr gut vorstellen, was diese Statue ausmacht. Sie ist von großer Anmut und Ästhetik geprägt und weist deutlich auf das Schönheitsideal der Antike hin. In der griechischen Klassik hatte der ideale Körper harmonische Proportionen und sollte weder zu dick noch zu dünn sein. Apollo erscheint als der ätherische, feine Typus der männlichen Idealgestalt. Auch die gelockte Haarpracht weist auf die ideale Gestaltung nach griechischem Verständnis hin. Der jugendliche, athletische Mann, welcher ein aktives Leben im Freien führt, seinen Körper ausformt und eine von der Sonne braungebrannte Haut hat, galt als das Idealbild der griechischen Antike. Dies trifft auf den Apollo von Belvedere zu. Oder anders gesagt:

> „Mit dem Bogen in der (nicht erhaltenen) Linken tritt der jugendliche Gott leichtfüßig auf den Betrachter zu. Sein Blick ist entschieden nach links gewandt, der Bewegung des weit ausgestreckten Armes folgend. Der rechte Arm ist gesenkt, die Hand hielt ursprünglich wohl einen Lorbeerzweit, Zeichen für die entsühnende Macht Apollons. Ein kurzer Mantel ist auf der rechten Schulter geknüpft und über den erhobenen Arm geworfen. Von dort hängt er als effektvolle Hintergrundsfolie neben dem nackten Körper herab und unterstreicht so dessen makellose Schönheit.“[49]

Winckelmann entspricht bei der schriftlichen Betrachtung seinen eigenen Ansprüchen. Ihm geht es darum, die Entwicklung der absoluten Schönheit der antiken griechischen Kunst anhand der genauen Beschreibung der Kunstwerke herauszuarbeiten: „Die Geschichte der Kunst soll den Ursprung, das

---

[49] Artikel „Apoll vom Belvedere“, Zugriff am 19. Dezember 2020 unter http://viamus.uni-goettingen.de/fr/sammlung/ab_rundgang/q/07/01

Wachstum, die Veränderung und den Fall derselben, nebst dem verschiedenen Stile der Völker, Zeiten und Künstler lehren, und dieses aus den übriggebliebenen Werken des Altertums, so viel möglich ist, beweisen.“[50] Der Gelehrte liefert damit eine sehr anschauliche Beschreibung des Apollo, die auch literarisch durchaus anspruchsvoll ist. Winckelmann weist seine Kenntnisse in der Kunstgeschichte genauso nach wie seine schriftliche Befähigung. Der Text bestätigt damit Winckelmanns weitreichende Kompetenzen, die wir auch heute beeindruckt zur Kenntnis nehmen. Gerade die Beschreibung des Apolls von Belvedere zeigt dies deutlich: Noch immer lesen wir Winckelmanns Text zu dieser hochberühmten Statue, und auch in musealen, fachlich intendierten Texten zu dieser Statue wird auf Winckelmanns Betrachtung Bezug genommen. Er hält sich übrigens auch mit seiner persönlichen Begeisterung nicht zurück, wenn er schreibt:

> „Ich vergesse alles andere über dem Anblicke dieses Wunderwerkes der Kunst, und ich nehme selbst einen erhabenen Stand an, um mit Würde anzuschauen. Mit Verehrung scheint sich meine Brust zu erweitern und zu heben, wie diejenige, die ich wie vom Geiste der Weissagung aufgeschwellt sehe, und ich fühle mich weggerückt nach Delos und in die lycischen Haine, Orte, die Apollo mit seiner Gegenwart beehrte: denn mein Bild scheint Leben und Bewegung zu bekommen, wie des Pygmalion Schönheit. Wie ist es möglich, es zu malen und zu beschreiben. Die Kunst selbst müßte mir raten und die Hand leiten, die ersten Züge, welche ich hier entworfen habe, künftig auszuführen. Ich lege den Begriff, welchen ich von diesem Bilde gegeben habe, zu dessen Füßen, wie die Kränze derjeni-

[50] Winckelmann, *Geschichte der Kunst des Altertums*, S. 7

gen, die das Haupt der Gottheiten, welche sie krönen wollten, nicht erreichen konnten. Der Begriff eines Apollo auf der Jagd, welchen Herr Spence in dieser Statue finden will, reimt sich nicht mit dem Ausdrucke des Gesichts."[51]

Die Forschung hat sich eingehend mit dieser Beschreibung von Winckelmann befasst. So schreibt beispielsweise Steffi Röttgen:

> „Wie oft genug betont worden ist, handelt es sich bei Winckelmanns Beschreibung des Apollo ‚nach dem Ideal' um die Niederschrift eines seelischen Erlebnisses, das ihm wie eine Erleuchtung zuteil geworden war. Der Apollo des Vatikans verkörperte für Winckelmann ‚den Gott und das Wunder der alten Kunst', d.h. er war für ihn nicht allein ein marmornes Bildwerk, sondern in seiner idealen Schönheit zugleich auch ein Sinnbild des erhofften Wiederauflebens der antiken Kunst. Die Offenbarung Apollos und der göttlichen Sphäre, aus der er herabsteigt, um den für seine Erscheinung Empfänglichen zu erleuchten, weist die Symptome religiöser Ekstase auf, wie immer bemerkt worden ist. Winckelmann vergleicht die Schönheit des Apollo mit der eines Engels. Diese pseudoreligiöse Erlebnisebene ist mit der berühmten Formulierung ‚Gehe vorher in das Reich uncörperlicher Schönheiten, um dich zur Betrachtung dieses Bildes zuzubereiten' besonders deutlich ausgedrückt. Es ist bekannt, wie stark gerade in der Interpretation des Apollo Vorstellungen mitwirkten, die im Pietismus und in Winckelmanns widersprüchlichem Verhältnis zur katholischen Religion wurzelten und die ihn als Konvertiten wider Willen mehr beschäftigten, als er wahrhaben

[51] Winckelmann, *Geschichte der Kunst des Altertums*, S. 310

wollte."[52]

In der Geistesgeschichte hat der Apollo von Belvedere viel Anklang gefunden. Der Kopf der Statue diente Michelangelo als Vorbild für das Haupt des Weltenrichters Jesus Christus in der Sixtinischen Kapelle. Im 17., 18. und frühen 19. Jahrhundert galt der Apollo von Belvedere als die schönste erhaltene Einzelfigur der Antike. Gipsabgüsse der Statue gehörten zu den wichtigsten Studienobjekten im akademischen Kunstbetrieb. Im Laufe der Zeit wurde die Statue vielseitig rezipiert. Schiller beschrieb den Apoll als die vollkommenste Statue des Mannheimer Antikensaals und auch Goethe war von der Leichtigkeit und Eleganz beeindruckt, die die Statue ausstrahlt. Von der Statue, die er ebenso wie Schiller im Mannheimer Antikensaal kennenlernte, war Goethe tief ergriffen: „Mein ganzes Ich ist erschüttert, das können Sie denken, Mann, und es fibrirt noch viel zu sehr, als daß meine Feder stet zeichnen könnte. Apollo von Belvedere, warum zeigst du dich uns in deiner Nacktheit, dass wir uns der unsrigen schämen müssen?"[53] Und in seiner *Italienischen Reise* berichtet Goethe aus Rom:

> „Manchmal stehe ich wie einen Augenblick still und überschaue die höchsten Gipfel des schon Gewonnenen. Sehr gerne blicke ich nach Venedig zurück, auf jenes große Dasein, dem Schoße des Meeres wie Pallas aus dem Haupte

[52] Roettgen, Steffi: „Begegnungen mit Apollo. Zur Rezeptionsgeschichte des Apollo vom Belvedere im 18. Jahrhundert", in: Winner, Matthias [Hrsg.]: *Il cortile delle statue: der Statuenhof des Belvedere im Vatikan* [Kongressband], Hauptbd., Mainz 1998, S. 253-274, hier S. 255

[53] Artikel „Die Statuen im Belvedere mit den Beschreibungen Winckelmanns", in: *Goethezeitportal*, Zugriff am 19. Dezember 2020 unter http://www.goethezeitportal.de/wissen/projektepool/goethe-italien/rom-aesthetik/die-statuen-im-belvedere-mit-den-beschreibungen-winckelmanns.html

Jupiters entsprossen. Hier hat mich die Rotonda, so die äußere wie die innere, zu einer freudigen Verehrung ihrer Großheit bewogen. In St. Peter habe ich begreifen lernen, wie die Kunst sowohl als die Natur alle Maßvergleichung aufheben kann. Und so hat mich Apoll von Belvedere aus der Wirklichkeit hinausgerückt. Denn wie von jenen Gebäuden die richtigsten Zeichnungen keinen Begriff geben, so ist es hier mit dem Original von Marmor gegen die Gipsabgüsse, deren ich doch sehr schöne früher gekannt habe."[54]

II.II Die Homer-Rezeption

Homer gilt traditionell als Autor der *Ilias* und der *Odyssee* und damit als frühester Dichter des Abendlandes. Biografische Daten sind kaum zweifelsfrei bekannt; es ist nicht einmal sicher, dass es Homer überhaupt gab. Diese sogenannte Homerische Frage bezeichnet in der klassischen Philologie die Frage, ob die bahnbrechenden Texte Ilias und Odyssee das Werk eines einzelnen Dichters oder mehrerer Dichter sind. Der antike griechische Geschichtsschreiber, Geograph und Völkerkundler Herodot schätzte, dass Homer 400 Jahre vor ihm gelebt haben müsse; dies entspräche in etwa der Zeit um 850 vor Christus. Andere historische Quellen legen das Wirken Homers in die Zeit des Trojanischen Krieges, der traditionell etwa um 1200 vor Christus datiert wird. Heutzutage stimmt die Forschung weitestgehend darin überein, dass Homer, wenn es ihn gab, etwa in der zweiten Hälfte des achten Jahrhunderts und/oder in der ersten Hälfte des siebten Jahrhunderts v. Chr. gelebt hat. Der Trojanische Krieg ist ein ganz zentrales Ereignis der griechischen und römischen Mytholo-

[54] Goethe, Johann Wolfgang von: *Italienische Reise.* Stuttgart 2020, S. 144

gie. Homers *Ilias* schildert entscheidende Kriegsszenen während der Belagerung der Stadt Troja (Ilion) durch das Heer der Griechen. Mythischer Auslöser des Trojanischen Krieges war die Entführung der Helena, der Ehefrau des Menelaos, durch Paris, den Sohn des trojanischen Königs Priamos. Durch das Trojanische Pferd fällt die Stadt schließlich. In der Antike wurde die *Ilias* als authentischer Bericht eines historischen Ereignisses verstanden. Die Historizität des Trojanischen Krieges ist übrigens weiterhin umstritten (sogenannte Troja-Diskussion). Hält man den großen Krieg nicht für ein fiktiv-mythologisches Ereignis, werden er und der Untergang Trojas zumeist in das 13. oder zwölften Jahrhundert vor Christus datiert.[55]

Die allgemeine Homer-Rezeption ist beinahe so alt wie die Kulturgeschichte selbst:

[55] Wichtig ist zu verstehen, dass gerade die historische Forschung die *Ilias* nicht auf den Trojanischen Krieg verengt und diese Verengung auch nicht stattfinden sollte. Das Epos berichtet insgesamt nur von 51 Tagen der zehnjährigen Belagerung. Die Behauptung, die *Ilias* sei mit der Beschreibung des Trojanischen Pferds gleichzusetzen, sei eine „Fehleinschätzung", schreibt der Altertumsforscher Raimund Schulz: „Tatsächlich bietet die *Ilias* keine chronologische Abfolge des langen Belagerungskriegs, wie man es von den Tatenberichten nahöstlicher Herrscher kannte, sondern sie schildert nur wenige Tage des Kampfes um die Stadt. Das Generalthema ist ein zeitloser menschlicher Konflikt: Agamemnon, der Heerführer der Griechen, verlangt von seinem stärksten Krieger Achilleus die Herausgabe der als Kriegsbeute errungenen Fürstentochter Briseis – eine Provokation, die zwar formal gerechtfertigt, aber mit der Tüchtigkeit (*arete*) des Achilleus nicht zu vereinbaren ist. Formale Autorität steht gegen individuelle Größe, und dieser Konflikt ist fundamental. Denn die homerischen Helden bezogen aus der allgemeinen Akzeptanz ihrer Tüchtigkeit ihr Selbstbewusstsein, außerdem spielte sich der Konflikt inmitten einer bedrohlichen Grenzsituation ab, nämlich im Krieg." (Schulz, Raimund: *Kleine Geschichte des antiken Griechenlands.* Durchgesehen und bibliographisch ergänzte Ausgabe. Stuttgart 2010, S. 33f.

> „Eine umfassende Rezeptionsgeschichte Homers zu schreiben, bedeutet in vieler Hinsicht, eine griechische Literatur- und Kulturgeschichte zu verfassen. Homer war nicht nur unerreichbares literarisches Modell, sondern auch Lehrer der Griechen [...]; zusammen mit Hesiod gab er den Griechen sogar ihre Götter [...], und überhaupt galten die homerischen Epen als enzyklopädische Quelle jeglichen Wissens [...] und als Referenz für nahezu jede menschliche Tätigkeit."[56]

Die großen Themen und Motive wie Irrfahrten und Heimkehr, Zorn der Götter, Hybris, Weltuntergang, Wiedersehen, Rache und viele andere mehr setzen sich über die Jahrhunderte fort, von der byzantinischen Literatur über die lateinische Literatur des Mittelalters und sämtliche romanische Literaturen bis hin zur englischen, nordischen und slawischen Literatur. Gerade auch in der deutschen Literatur ist Homer ein wesentlicher Fixpunkt. Die Rezeptionsgeschichte beginnt im Mittelalter und entfaltet sich spätestens „ab dem 16. Jh. im Zusammenhang mit den neuen humanistischen Griechisch-Studien"[57], in deren Zuge Homer neben die römischen Epiker tritt. Johann Gottfried Herder beispielsweise betont die ethischen Aspekte der homerischen Dichtung und die Humanität Homers der *Ilias*:

> „Der Spiegel Homers, in welchem sich alle Dinge der Welt gleich klar und rein darstellen, zeigt alle Gestalten gleich menschlich und milde. Bei völligen Gegensätzen scheint eine Vergleichung kaum möglich; und doch wirft Homer

[56] Bagordo, Andreas: „Grundzüge der Homer-Rezeption", in: Rengakos, Antonios / Zimmermann, Bernhard [Hrsg.]: *Homer-Handbuch. Leben – Werk – Wirkung.* Stuttgart / Weimar 2011, S. 416–436, hier S. 416ff.

[57] Ebd., S. 429

> auf alle, wo irgend er kann, den milden Strahl der Menschheit. [...] Menschlicher Homer, wie liebe ich dich in allen deinen Formen und Gestalten! Auch Paris, auch die Sünderin Helena hast du nicht verschmähet und beide in das Schönste Licht gestellt, in welchem sie stehen konnten. Nicht vergessen sind ihre Brüder Kastor und Pollux, ihr Menelaus samt Ulyß sind mit allen Würden geschmückt, deren sie auf der Ebne vor Troja fähig waren. So Ajax, Diomed, Idomeneus, Nestor; jeder erscheint an seinem Orte, zu seiner Zeit in der Rennbahn des Ruhmes. Kurz oder lange leuchtet sein Schein; aber er geht nach Verdienst auf und nieder."[58]

Johann Heinrich Voß, deutscher Dichter und Großgelehrter, ist heute berühmt für seine Übertragungen von Homers Epen *Ilias* und *Odyssee* und anderer Klassiker der Antike. Seine Übersetzungen zeigen nicht nur profunde Gelehrsamkeit und Kenntnis der antiken Sprachen und Verskunst, sondern auch vollendete Beherrschung der deutschen Sprache. Das Hauptverdienst Vossens ist die hochpräzise Einhaltung des antiken Hexameters. Die *Ilias* ist periodisch im stichischen (also aneinandergereihten), katalektischen daktylischen Hexameter gebaut, der insgesamt 32 Variationstypen besitzt und als Grundvers sowohl der griechischen als auch der römischen Dichtung gilt. Ein Hexamter-Vers wird dabei aus sechs Daktylen und zwei kurze Silben gebildet, wobei der letzte Versfuß um eine Silbe gekürzt wird (Katalexe). Alle Doppelkürzen können durch eine Länge ersetzt werden, und im letzten Halbvers können eine Länge oder eine Kürze vorkommen.

---

[58] Herder, Johann Gottfried: *Briefe zur Beförderung der Humanität.* Zwei Bände, Band 1, Berlin und Weimar 1971, S. 172.

Das ist eine extrem komplexe Angelegenheit, vor allem in einer Übersetzung. Das klingt dann im berühmten Anfang der *Ilias* so:

> „Singe den Zorn, o Göttin, des Peleiaden Achilleus, / Ihn, der entbrannt den Achaiern unnennbaren Jammer erregte / Und viel tapfere Seelen der Heldensöhne zum Aus / Sendete, aber sie selbst zum Raub darstellte den Hunden / Und dem Gevögel umher. So ward Zeus' Wille vollendet: / Seit dem Tag, als erst durch bitteren Zank sich entzweiten / Atreus' Sohn, der Herrscher des Volks, und der edle Achilleus."[59]

Entsprechend anstrengend und anspruchsvoll ist die Lektüre der hochberühmten Übersetzung, denn für heutige Leser erscheint die Sprache als altertümlich und sperrig. Aber es ist *communis opinio*, dass keine deutsche Übersetzung näher am Original ist und es besser schafft, die metrische Basis der homerischen Dichtung derart zu transportieren.
Friedrich Schiller, Johann Wolfgang Goethe, der Maler Johann Heinrich Wilhelm Tischbein d. J.: Sie alle gehören in der zweiten Hälfte des 18. Jahrhundert zu denen, die sich der Homer-Begeisterung hingeben. Maßgeblichen Anteil daran hat Johann Joachim Winckelmann. Seine Begeisterung für Homer ist sogar künstlerisch festgehalten: Der bedeutende Maler Anton Raphael Mengs hat Winckelmann auf dem wahrscheinlich berühmtesten Porträt des Gelehrten mit einer Ausgabe der Ilias gemalt. Das Bild befindet sich heute im Metropolitan Museum of Art in New York und ist Teil einer großen Kollektion von Mengs-Bildern. Die hohe Meinung Win-

[59] Homer: *Ilias. Odysee.* In der Übertragung von Johann Heinrich Voß. München 42008, Vv.1—7

ckelmanns von dem befreundeten Maler wird in dem folgenden Zitat sehr deutlich:

> „Der Inbegriff aller beschriebenen Schönheiten in den Figuren der Alten findet sich in den unsterblichen Werken Herrn Anton Raphael Mengs, ersten Hofmalers der Könige von Spanien und von Polen, des größten Künstlers seiner und vielleicht auch der folgenden Zeit. Er ist also ein Phönix gleichsam aus der Asche des ersten Raffael erweckt worden, um der Welt in der Kunst die Schönheit zu lehren und den höchsten Flug menschlicher Kräfte in derselben zu erreichen. Nachdem die deutsche Nation stolz sein konnte über einen Mann, der zu unserer Väter Zeiten die Weisen erleuchtet und Samen von allgemeiner Wissenschaft unter allen Völkern ausgestreut, so fehlte noch an dem Ruhme der Deutschen, einen Wiederhersteller der Kunst aus ihrer Mitte aufzuzeigen, und den deutschen Raffael in Rom selbst, dem Sitze der Künste, dafür erkannt und bewundert zu sehen."[60]

Die Forschung hat sich auch mit einem anderen Porträt Winckelmanns eingehend beschäftigt. Anton von Maron, ein österreichischer Maler, porträtierte Winckelmann kurz vor seiner Abreise aus Rom. Es zeigt den Altertumsforscher und damals bereits berühmten Autor an einem Schreibtisch sitzend auf dem Höhepunkt seiner Karriere. Das Bild gehört der Klassik Stiftung Weimar. Max Kunze, einer der herausragenden Winckelmann-Gelehrten, schreibt dazu folgendes:

> „In der Tradition der seit der Renaissance in der europäischen Malerei geläufigen Gelehrtendarstellung sitzt Win-

[60] Winckelmann, *Geschichte der Kunst des Altertums*, S. 158

ckelmann, gekleidet in einen Hausmantel, mit einer Art Turban auf dem Kopf, am Schreibtisch seines Arbeitszimmers, vor sich ein aufgeschlagenes Buch, im Hintergrund eine Büste des ‚göttlichen Dichters', die die Tätigkeit und Gedankenwelt des Porträtierten charakterisieren soll. Beide Bilder leiten eine Tradition des Porträtbildnisses ein, die Dichter, Gelehrte oder Italienreisende mit signifikanten Homerbüsten darstellen. Sie signalisieren damit eine breite Homerrezeption, die nach Winckelmann im 18. und 19. Jahrhundert entstanden war."[61]

Die Büste des Homer rechts im Hintergrund ist unübersehbar. Sie weist auf die reiche und wichtigste Inspirationsquelle Winckelmanns aus der griechischen Antike hin und betont damit zugleich den Zusammenhang zwischen der griechischen und römischen Literatur und seiner Identifizierung, Neubenennung und Beschreibung antiker Kunstwerke. Im Übrigen weist die kunsthistorische Forschung auch auf den generellen Habitus hin, den das Bild verströmt. Winckelmann war eine Person größer öffentlicher Bedeutung, ein Star sozusagen, der um seine Stellung weiß und diese selbstbewusst zur Schau trägt:

> „Auf dem Winckelmann-Bildnis von Maron kennzeichnet der Hausmantel somit nicht nur die häusliche Gelehrtentätigkeit. Vielmehr demonstriert das in besonderem Maße voluminöse und auffällig rot changierende, mit einem üppig hervorquellenden Pelz gefütterte Kleidungsstück eine gewisse Gleichrangigkeit der dilettierenden Gentlemen

---

[61] Kunze, Max: „Der rote Faden Winckelmanns – Homer", in: Wiegels, Rainer [Hrsg.]: *Antike neu entdeckt. Aspekte der Antike-Rezeption im 18. Jahrhundert unter besonderer Berücksichtigung der Osnabrücker Region.* Möhnesee 2002, S. 243—251, hier S. 243

mit dem trotz einer offiziellen Anstellung im Haus des Kardinals Albani auf seiner Unabhängigkeit beharrenden Autor. An eine selbstbewusste Künstlerattitüde, wie sie beispielsweise in Selbstbildnissen von Malern anzutreffen ist, erinnert das in seiner Farbwirkung irritierend disharmonisch zu dem Hausmantel angelegte, betont leger um den Kopf geschlungene Tuch. Die sowohl einladende als auch belehrend zu deutende Geste der linken Hand Winckelmanns kann zusammen mit dem direkt auf den Betrachter gerichteten, freundlichen Blick als eine werbende Offerte seiner in den Schriften formulierten Botschaft verstanden werden."[62]

Schon während Winckelmanns Schulzeit, ausgelöst durch den Lateinschulrektor Christian Tobias Damm, erhebt der junge Mann Homer zur Verkörperung der griechischen Welt überhaupt. Haupt schreibt: „Von Homer übernahm er den metaphorischen und poetischen Sprachstil – die Kunst, sinnliche Empfindungen in einem poetischen Text wiederzugeben, Unbelebtes als lebendig erscheinen zu lassen."[63] Winckelmann liest in der evangelischen Sonntagsmesse heimlich im Homer und empfindet „Gleichniße aus dem Homerus" als Gebete, um „zur Kenntnis des Schönen zu gelangen"[64]. Für Winckelmann ist Homer der Patron aller Künste, und die großen Künstler der Vergangenheit (wie Ludovico Ariosto, Raffaello Sanzio da Urbino und Michelangelo Buonarroti) haben ihre Inspiration für unsterbliche Werke aus der Kenntnis des Altertums bezogen. Homer und seine Nachfolger nehmen für

[62] Welche, Bettina: „Winckelmanns Selbstinszenierung", in: *Blog der Klassik Stiftung Weimar*, Zugriff am 20. Dezember 2020 unter https://blog.klassik-stiftung.de/anton-von-marons-bildnis-winckelmanns/

[63] Haupt, *Winckelmann*, S. 18

[64] Winckelmann, *Briefe*, Band III, S. 55

Winckelmann sogar eine aufklärerische Rolle ein. Die Kenntnis des Altertums führte laut Winckelmann zu einem Geist der Freiheit, der sich eben durch die Werke der Gelehrten verbreiten konnte. Daher ist es für Winckelmann entscheidend, Homer im Original lesen zu können, wie die großen Geister der Vergangenheit es tun konnten. Winckelmann wollte nichts mehr und nichts weniger, als Homer zu einer Wiedergeburt zu verhelfen. Mit dieser Mission beginnt er schon als junger Mann in Seenhausen. Damals schreibt er zwei Gedichte, die die Auseinandersetzung mit Homer zum Thema haben und kritisch mit der aktuellen Situation ins Gericht geht. So heißt es „Heut liegt Homer darnieder, verworfen und zum Tartarus verbannt. Sein Name ist ehrlos, ihn gelesen zu haben, Schande!“ und

> „Muse, ich bitte! Senke dich vom Pindus herab in meinen Geist! Netze mir mit Kastalischen Tau die Schläfen, wenn ich mich anschicke, gelehrt die Gesänge des Mäonischen Sehers zu lesen! Ich allein unter dem Volk wälze und lese die Alte! Und ist mein Wunsch nicht vergeblich, daß ihr Musen mir beisteht, so soll durch mich noch der Ruhm des Alten in diesem Landen blühen.“[65]

Winckelmann entpuppt sich damit als echter Jünger des Homer. Sein Stil ist antik-poetisch, um die Schönheit der antiken Welt hervorzuheben und damit wiederum auf Homer und seine Bedeutung zu verweisen. Das Gedicht des jungen Mannes ist stark antikisierend und greift in der Musenanrufung auf eine lange Tradition zurück. Bei Homer finden sich

[65] Schadewaldt, Wolfgang: *Winckelmann und Homer. Vortrag gehalten zur Winckelmann-Feier des Arch. Inst. Univ. Leipzig am 7.12.1940.* Leipzig 1941 (= Leipziger Universitätsreden 6), S. 6f.

in den großen Dichtungen viele dieser Anrufungen, etwa im zweiten Gesang der *Ilias*: „Sagt mir anitzt, ihr Musen, olympische Höhen bewohnend / (Denn ihr seid Göttinnen und wart bei allem und wißt es; / Unser Wissen ist nichts; wie horchen allein dem Gerüchte): / Welche waren die Fürsten der Danaer und die Gebieter?“[66] Die Invokation der Musen gehört zum selbstverständlichen Akt antiker Dichtung. Um die Begrenzung seiner menschlichen Fähigkeiten überschreiten zu können, bedarf der Dichter göttlichen Beistands, den er von den Musen erfleht. Mit der Anrufung bekennt der Dichter Winckelmann in der langen literarischen Tradition seine Abhängigkeit von den Musen als inspirierenden Mächten. Zeitgenössisch kann man beim Anakreontiker Johann Wilhelm Ludwig Gleim (1719 bis 1803) lesen: „O du, durch die es mir gelungen, / Daß ich die Sorgen weggesungen, / Die räub'risch oft um mich geschwärmt; / Laß mir noch manches Lied gelingen, / Und laß mich scherzen, lachen, singen, / Wenn Orgon klagt und zankt und lärmt.“[67] Gestern wie heute finden sich also genügend Beispiele für die antike Musenanrufung. Winckelmann bildet keine Ausnahme; seine Besonderheit liegt eben darin, dass er sich dezidiert auf Homer bezieht, während viele andere Dichter ihre Inspiration allgemein aus der Antike ziehen.

Homer steht also im Fokus von Winckelmanns idealisiertem Griechentum und exemplifiziert anhand seines Vorbildes die geistige Herrschaft der Griechen und die Ursprünge der weiterhin als vorbildlich empfundenen Dichtkunst. Das legt Winckelmann dezidiert in der *Geschichte des Alterthums* dar,

[66] Homer, *Ilias. Odysee*, Vv. 484—487

[67] Gleim, Johann Wilhelm Ludwig: *Sämmtliche Werke.* Acht Bände. Herausgegeben von Wilhelm Körte. Halberstadt 1811 und Leipzig 1841, hier Band 1, S. 103

wie gewohnt in seiner anschaulichen, stark deskriptiven Art und Weise:

> „Die Griechen hingegen, welche unter einem gemäßigtern Himmel und Regierung lebten und ein Land bewohnten, welches die Pallas, sagt man, wegen der gemäßigten Jahreszeiten, vor allen Ländern den Griechen zur Wohnung angewiesen, hatten, so wie ihre Sprache malerisch ist, auch malerische Begriffe und Bilder. Ihre Dichter, vom Homerus an, reden nicht allein durch Bilder, sondern sie geben und malen auch Bilder, die vielmals in einem einzigen Worte liegen und durch den Klang desselben gezeichnet und wie mit lebendigen Farben entworfen werden. Ihre Einbildung war nicht übertrieben wie bei jenen Völkern, und ihre Sinne, welche durch schnelle und empfindliche Nerven in ein feingewebtes Gehirn wirkten, entdeckten mit einem Male die verschiedenen Eigenschaften eines Vorwurfs und beschäftigten sich vornehmlich mit Betrachtung des Schönen in demselben."[68]

Ganz davon abgesehen, dass Winckelmann in diesem Stück Homer deutlich an die Spitze der griechischen Dichter stellt und alles von ihm ableitet (immer eingedenk der Tatsache, dass für Winckelmann die historische Person Homers gesichert erscheint), führt der Gelehrte ebenso aus, woher dieser geistige Vorsprung der Alten rührt. Klima und politisches System (attische Demokratie) sind für Winckelmann die herausragenden Parameter für die besondere Dichtkunst der Griechen. Damit bezieht sich Winckelmann bei der Bewertung der Dichtkunst auf extrinsische Faktoren und Motivationen; aus den allgemein wohlgefälligen klimatischen und poli-

[68] Winckelmann, *Geschichte der Kunst des Altertums*, S. 37f.

tischen Strukturen erwächst für die Kunstschaffenden das ideale Umfeld zur ästhetischen Betätigung. Das wird hier besonders deutlich:

> „Unter den Griechen in Kleinasien, deren Sprache, nach ihrer Wanderung aus Griechenland hierher, reicher an Selbstlauten (Vokalen), sanfter und mehr musikalisch wurde, weil sie daselbst einen glücklichem Himmel noch als die übrigen Griechen genossen, erweckte und begeisterte eben dieser Himmel die ersten Dichter; die griechische Weltweisheit bildete sich auf diesem Boden; ihre ersten Geschichtschreiber waren aus diesem Lande; ja Apelles, der Maler der Grazie, war unter diesem wollüstigen Himmel erzeugt.“[69]

Diese Ästhetik und mithin dieses künstlerisch-bildungsbezogene Selbstverständnis will Winckelmann in seinem eigenen Gelehrtentum in gewisser Weise fortsetzen. Nicht nur, dass er das italienische Klima als sehr förderlich für seine Person und sein Wohlbefinden ansieht; er empfindet seine Arbeit als Altertumsforscher auch als philologische Herausforderung. „[N]icht die Erläuterung der Denkmäler steht unbedingt im Mittelpunkt, sie werden vielmehr auch genutzt, um philologische Sachverhalte oder eben textkritische Korrekturen zu erläutern“[70], schreibt Kunze:

> „‘Gelehrter‘ zu sein hatte im 18. Jahrhundert noch mit der Beherrschung der lateinischen, auch der altgriechischen Sprache zu tun und in diesem Sinne fühlte er [Winckelmann; Verf.] sich als einer, der diese alten Sprachen be-

[69] Ebd., S. 38

[70] Kunze, „Der rote Faden Winckelmanns“, S. 250

> herrschte; sich zu philologischen Problemen zu äußern, bedeutete, sich in der Welt der Gelehrten zu bewegen. Aus seinen Schriften wissen wir, daß Winckelmann diese Rolle des Gelehrten in seinen späteren römischen Jahren immer entschiedener vertreten hat."[71]

Insofern beruht die archäologische und kunsthistorische Arbeit Winckelmanns auf seinem literarischen und literarhistorischen Interesse. Winckelmanns Ansatz ist es, „eine Menge Stellen in den alten Autoren zu verbessern und zu erläutern, und zwar, wie ich bis zur Überzeugung darzuthun hoffe, weit besser, als dieses mit Beihülfe alter Handschriften hätte geschehen können"[72]. Damit will er eine Wechselwirkung zwischen den Disziplinen herstellen, damit sich philologische und archäologisch-kunsthistorische Ergebnisse gegenseitig befruchten. Er betreibt keine Ausschlüsse oder Wettbewerbe oder stellt die Bedeutung und Erkenntnistiefe der einen Disziplin über die andere. Er will auf verschiedenen Ebenen haltbare Ergebnisse liefern und damit größtmöglichen Nutzen stiften. Dass sein archäologisches und kunsthistorisches Interesse aus der Philologie stammt, ist dabei kein Widerspruch.

---

[71] Ebd.

[72] Zit. nach ebd.

III. „Edle Einfalt“, „Stille Größe“

Zwar hat Winckelmann seine *Geschichte des Alterthums* als sein Hauptwerk verstanden. Und ja, die Bedeutung der Schrift ist weitreichend für die Beschreibung der antiken Kunst und der Vermittlung eines spezifischen Weltbilds. Von viel größerer Nachwirkung ist indes der Erstling des Gelehrten: Die *Gedancken über die Nachahmung der Griechischen Wercke in der Mahlerey und Bildhauer-Kunst* ist ganz breit von vielen Autoren und Denkern aufgegriffen worden und wird auch tief im 21. Jahrhundert im Deutschunterricht und der universitären geisteswissenschaftlichen Ausbildung genutzt. Die Kenntnis der *Gedancken über die Nachahmung der Griechischen Wercke in der Mahlerey und Bildhauer-Kunst* ist grundlegend dafür, die später im Jahrhundert folgende Weimarer Klassik und Werke wie Goethes *Iphigenie auf Tauris* überhaupt verstehen zu können. Wer die Kernaussagen der *Gedancken über die Nachahmung der Griechischen Wercke in der Mahlerey und Bildhauer-Kunst* nicht kennt, kann viel Großes der deutschen Geistesgeschichte ebenfalls nicht einordnen. Winckelmanns kleine Schrift ist somit ein entscheidender Meilenstein des 18. Jahrhunderts, vielleicht sogar der gesamten deutschen Geistes- und Kulturgeschichte. Schließlich ist die Schrift grundlegend vor allem für das deutsche Ideal der griechischen Antike.

Winckelmann gab seine erste Schrift 1755 in einer Auflage von nur knapp 50 Exemplaren heraus. Bereits 1756 entsteht aufgrund des bahnbrechenden Erfolgs eine zweite Auflage, der er eine von ihm selbst verfasste Gegenschrift (*Sendschreiben über die Gedanken Von der Nachahmung der griechischen*

Werke in der Malerey und Bildhauerkunst) sowie eine wieder unter seinem Namen veröffentlichte Gegen-Gegenschrift (*Erläuterung der Gedanken Von der Nachahmung der griechischen Werke in der Malerey und Bildhauerkunst; und Beantwortung des Sendschreibens über diese Gedanken*) anhängt. Das vergrößert die Aufmerksamkeit für die Gedanken maßgeblich. Der Text entsteht noch in seiner Dresdner Epoche, bevor Winckelmann im Herbst 1755 nach Rom übersiedelt. So ist auch die Widmung der Schrift an Kurfürst Friedrich August II. mit Bezug zu dessen Mäzenatentum und weitreichenden Kunstinteresse: „Ew. Königl. Majestät lege ich dies Blätter in tiefster Unterthänigkeit zu Füssen. Die Zuversicht dieses Unternehmens gründet sich auf den Gebrauch jener goldenen Zeit der Künste, die durch *Ew. Königl. Majestät* [sic] der Welt wiederum in ihrem größten Glantz gezeiget wird.“[73] Freilich war das Interesse der schönen Künste des Monarchen nicht der einzige Grund für Winckelmann, die unterwürfige Widmung voranzustellen, an die sich kaum einer erinnern wird; zu wirkungsmächtig ist das Werk an sich. Der Autor umging damit die allfällige staatliche Zensur, die ihn sein Werk hätte kosten können. Im 18. Jahrhundert fordern Aufklärung und Französische Revolution Kaiser und Könige heraus. Zur Unterdrückung dieses freiheitlichen Gedankenguts sprachen weltliche Gerichte bzw. öffentliche Zensurbehörden Verbote aus und verhängten Strafen. Beispielsweise wurde 1792 eine Schrift von Adolph Freiherr Knigge zur Französischen Revolution unmittelbar nach ihrem Erscheinen verboten und der Verleger zu einer Geldstrafe verurteilt. Viele Autoren – dazu gehören die größten Geister des 18. Jahrhunderts wie z.B. Gott-

[73] Winckelmann, Johann Joachim: *Gedancken über die Nachahmung der Griechischen Wercke in der Mahlerey und Bildhauer-Kunst. Sendschreiben. Erläuterung.* Herausgegeben von Max Kunze. Stuttgart 2013, S. 7

hold Ephraim Lessing – stehen der Zensur kraft- und widerstandslos gegenüber.

Die *Gedancken über die Nachahmung der Griechischen Wercke in der Mahlerey und Bildhauer-Kunst* erscheinen in erster Auflage in Friedrichstadt bei Christian Heinrich Hagenmüller. Der Jesuitenpater Rauch unterstützt den Druck finanziell. Zuerst dachte Winckelmann bei dem Druck der 50 Exemplare nur an seine Freunde. Hingegen verbreitet sich sein Werk rasant und macht eben bereits ein Jahr später die maßgeblich erweiterte zweite Auflage notwendig, die bei Conrad Walther in Dresden erscheint. Er gilt als einer der bedeutendsten Verleger des 18. Jahrhunderts und soll mit den *Gedancken* einen ökonomischen Glücksgriff landen: Abgesehen von der Werkausgabe in neun Bänden des französischen Philosophen und Schriftstellers Voltaire verkaufte sich kein Werk besser als die Schriften Winckelmanns[74].

Verschiedene Zeitgenossen haben sich mit Winckelmanns Werk auseinandergesetzt, meistens äußerst wohlwollend. So preist Johann Christoph Gottsched, damals Professor für Poetik, Logik und Metaphysik der Aufklärung in Leipzig und einer der bekanntesten deutschen Schriftsteller, Dramaturg, Sprachforscher und Literaturtheoretiker des 18. Jahrhunderts, Winckelmanns natürliche Leibhaftigkeit und lobt dessen Witz, Belesenheit und Kenntnis. Auch international findet das Werk Anklang und erscheint schon im Januar 1756 in Paris im Journal Ètranger. Winckelmann selbst ist naturgemäß begeistert von so viel positiver Aufmerksamkeit; er ist schon damals von seiner eigenen Wirkung durchaus überzeugt und betrachtet das Lob als förderlich für seine Eitelkeit: „Die Schrift hat einen unglaublichen Beyfall gefunden, und es haben mir große Kenner, in Absicht der großen Freiheit wider

[74] Vgl. Haupt, *Winckelmann*, S. 70

des Königs Geschmacks, das Compliment gemacht, daß ich die Bahn gebrochen zum guten Geschmack, und daß es ein Glück sei, wenn man unter solcher Protection schreiben könne."[75]

Winckelmann lässt dem Leser seiner *Gedancken* nicht viel Zeit, um in den Text hineinzukommen. Er formuliert gleich im ersten Satz eine höchst relevante Kernbotschaft, die prägend für die Gedankenwelt Winckelmanns sein soll. „Der gute Geschmack, welcher sich mehr und mehr durch die Welt ausbreitet, hat sich angefangen zuerst unter dem Griechischen Himmel zu bilden. Das tönt groß: Alles, was als guter Geschmack gelten kann, kommt von den Griechen her."[76] Im antiken Griechenland hat all das seine Basis, was man im Allgemein als schön, angenehm, ästhetisch ansehen wird. Dieser gute Geschmack lässt sich aber nicht nur von den Alten herleiten, sondern schon bei ihnen praktisch wiederfinden, wie Winckelmann in seiner Geschichte des Alterthums ausführt:

> „In Athen aber, wo nach Verjagung der Tyrannen ein demokratisches Regiment eingeführt wurde, an welchem das ganze Volk Anteil hatte, erhob sich der Geist eines jeden Bürgers und die Stadt selbst über alle Griechen. Da nun der gute Geschmack allgemein wurde, und bemittelte Bürger durch prächtige öffentliche Gebäude und Werke der Kunst sich Ansehen und Liebe unter ihren Bürgern erweckten und den Weg zur Ehre bahnten, floß in dieser Stadt, bei ihrer Macht und Größe, wie ins Meer die Flüsse, alles zusammen."[77]

---

[75] Goethe, *Winkelmann und sein Jahrhundert*, S. 74

[76] Winckelmann, *Gedancken*, S. 9

[77] Winckelmann, *Geschichte der Kunst des Altertums*, S. 38

Dass das allgemeine Umfeld des antiken Athens den Geschmack und die Kultur der Griechen positiv beeinflusst, wurde oben bereits dargestellt. Damit führt Winckelmann den Leitgedanken seiner Erstlingsschrift weiter. Neben der Demokratie trägt gerade auch das milde, angenehme Klima Griechenlands zur Potenzialentfaltung bei und forciert die Entwicklung eines Landes, „welches kluge Köpfe hervorbringen würde" und das den Griechen von der Göttin Minerva (Athene) „zur Wohnung angewiesen"[78] wurde.
Von Demokratie und konstant gutem Wetter sind die deutschen Staaten weit entfernt. Und dennoch können sich auch dort guter Geschmack, Kunstfertigkeit und Ästhetik herausbilden. Sämtliche Hürden auf diesem Weg können umgangen werden, indem sich Winckelmann und seine Zeitgenossen an den Griechen orientieren und diese schlichtweg nachahmen. Das wird ganz klar ausgedrückt: „Der einzige Weg für uns, groß, ja, wenn es möglich ist, unnachahmlich zu werden, ist die Nachahmung der Alten, und was jemand vom Homer gesagt, daß derjenige ihn bewundern lernet, der ihn wohl verstehen gelernet, gilt auch von den Kunst-Wercken der Alten, sonderlich der Griechen."[79] Die *imitatio* ist die Bezeichnung für die künstlerische Nachahmung von Wirklichkeit sowie für die rhetorische, literarische oder künstlerische Nachahmung von Texten oder Werken der bildenden Kunst oder der Musik. Ferner dient der Ausdruck auch zur Bezeichnung der moralischen Nachahmung vorbildlicher Menschen. Die Kunst, Kunst hervorzubringen, liegt also in der Nachahmung. Anders kann keine wahre Größe hergestellt werden als durch die ganz enge Orientierung an klassischen Vorlagen: Das Konzept der Nachahmung steht im Mittelpunkt von Winckelmanns

---

[78] Winckelmann, *Gedancken*, S. 9
[79] Ebd., S. 10

Theorie. Es wird zu einem Dreh- und Angelpunkt für moderne Ideen über die Verbreitung, Aneignung und Musealisierung von Kunst.

Winckelmann orientiert sich an der Renaissance, die als Blütezeit der *imitatio* gilt. Dort galt es, vor allem die Wortkunst und Literatur, aber auch die Bildende Kunst der Antike wieder aufleben zu lassen und sie möglichst zu übertreffen. Letztlich fordert ja auch Winckelmann auf, die Vorbilder zu übertreffen, um selbst unnachahmlich zu werden, also an die Spitze der Kunst aufzusteigen. Diesen Bezug zur Renaissance, die ja für nichts anderes steht als für das Bemühen um eine Wiederbelebung der kulturellen Leistungen der griechischen und römischen Antike, stellt Winckelmann schon im Anfang seines Werks deutlich her, wenn er schreibt, dass Michelangelo, Raffael und der französische Maler Nicolas Poussin (der sich besonders für die griechische und römische Mythologie interessierte) die antiken Werke durch die Augen der *imitatio* betrachtet hätten.[80] So ist deren bewundernswerte Kunst zustande gekommen, die es mit den antiken Vorbildern ohne weiteres aufnehmen kann.

Im Übrigen kritisiert Winckelmann den „Nordischen Himmel": Dort hätten lange Zeit die „beyden Künste, deren grosse Lehrer die Griechen sind, wenig Verehrer [gefunden]; zu der Zeit, da die verehrungswürdigsten Stücke des Correggio im Königlichen Stalle zu Stockholm vor die Fenster, zur Bedeckung derselben, gehänget waren"[81]. Ohne es dezidiert zu benennen, grenzt dieses Vorgehen für Winckelmann bereits an Barbarei. Es ist ein vollständig unzureichender Umgang mit Werken der Renaissance, die genau auf der Grundlage ba-

[80] Winckelmann, *Gedancken*, S. 9

[81] Ebd.; Antonio da Correggio war ein italienischer Maler der Renaissance und hat seine Vorbilder unter anderem in Leonardo da Vinci, Michelangelo und Raffael gefunden.

sieren, die er zum umfassenden Ideal erkoren hat. Gerade in den nordischen Ländern, zu denen Winckelmann auch Deutschland zählt, braucht es die Auseinandersetzung mit der Kunst der Antike oder zumindest den Werken, die die Kunst der Alten annähernd perfekt imitieren bzw. in bestimmten Punkten sogar übertreffen und damit ebenso vorbildlich geworden sind.

Somit betont Winckelmann auch die Leistung und besondere Rolle des sächsischen Kurfürsten Friedrich August II., der zu „Bildung des guten Geschmacks die größten Schätze aus Italien, und was sonst vollkommenes in der Mahlerey in andern Ländern hervorgebracht worden, vor den Augen aller Welt aufgestellet“[82] hat. Diese Werke seien von höchster Qualität und dienten nun „den Künstlern zur Nachahmung“[83]. Das Verdienst Friedrich August II. im Sinne des guten Geschmacks liegt also darin, Künstlern die Möglichkeit zur *imitatio* der besten verfügbaren Werke zu eröffnen; durch diese Möglichkeit wird die Basis für die Herausbildung echter und wirklich erstrebenswerter Kunst und Kultur forciert. Reproduzierende Schaffenskraft ist also ein sinnvoller Zustand, der überhaupt nicht als problematisch angesehen wird. Kunstwerke müssen in Winckelmanns Sicht gar keine Originalität besitzen. Sie müssen auf der richtigen Grundlage geschaffen worden sein.

Auch die Natur und deren Nachahmung in der Kunst ist ein wesentlicher Aspekt für Winckelmann. Dabei bezieht er sich zunächst wieder auf das allgemein positive klimatische und landschaftliche Umfeld. Das gute, verträgliche Wetter hat großen Einfluss auf die allgemeine Bildung, und auch die allgemeine Verfassung der griechischen Gesellschaft führt dazu,

[82] Ebd., S. 10
[83] Ebd.

dass sich dort die wirklichen Vorbilder für jedes heutige künstlerische Schaffen finden lassen. Die Leibesübungen der jungen Griechen, die sehr naturnahe Erziehung der Spartaner, das alles führt zu der ästhetischen Hochform, die Winckelmann bewundert:

> „Die Cörper erhalten durch diese Uebungen den grossen und männlichen Contour, welchen die Griechischen Meister ihren Bildsäulen gegeben, ohne Dunst und überflüßigen Ansatz. [...] Ueberhaupt war alles, was von der Geburt bis zur Fülle des Wachsthums zur Bildung der Cörper, zur Bewahrung, zur Ausarbeitung und zur Zierde dieser Bildung durch Natur und Kunst eingeflößt und gelehret worden, zum Vortheil der schönen Natur der alten Griechen gewürckt und angewendet, und kan die vorzügliche Schönheit ihrer Cörper vor den unsrigen mit der grösten Wahrscheinlichkeit zur behaupten Anlaß geben.“[84]

Die Natur bildet in Winckelmanns Sicht gerade auch dann die Basis der künstlichen Beschäftigung, wenn sich das „sanfte Griechische Profil ohne Nachteil der Aehnlichkeit nicht zuzubringen war“[85]. Dann folgen die Künstler der „Wahrheit der Natur“[86]. Das Prinzip der Naturnachahmung ist bei den alten Griechen genauso zu finden wie in der Aufklärung. Die *mimesis* bezeichnet die Nachahmung der Natur im Sinne von Erfahrungswirklichkeit in den Künsten als Fiktion. Ebenso wird *mimesis* in den Künsten als das Prinzip der Nachahmung im Sinne der Poetik des griechischen Philosophen Aristoteles verstanden. Er behauptet, der Mensch würde nicht das Ge-

---

[84] Winckelmann, *Gedancken*, S. 12, 14

[85] Ebd., S. 17

[86] Ebd.

ringste lernen, wenn er nicht die Fähigkeit zur Nachahmung besäße. Das Prinzip der Naturnachahmung ist eines der grundlegenden Dogmen der literarischen Aufklärung und wird besonders in Johann Christoph Gottscheds *Versuch einer Critischen Dichtkunst* (1730) ausgeführt. Schwerpunkte der Darstellung sind theoretische Reflexionen über den Charakter und die Entstehung von Poesie im Sinne der Naturnachahmung: „Alles was wir lernen und fassen, das fassen und lernen wir durch die Nachahmung."[87] Weiterhin heißt es:

> „Bey dem allen ist es nicht zu leugnen, daß nicht, nach dem Urtheile des großen Aristoteles, das Hauptwerk der Poesie in der geschickten Nachahmung bestehe. Die Fabel selbst, die von andern für die Seele eines Gedichtes gehalten wird, ist nichts anders, als eine Nachahmung der Natur. Dieß wird sie nun durch die Aehnlichkeit mit derselben, und wenn sie diese hat, so heißt sie wahrscheinlich. Die Wahrscheinlichkeit ist also die Haupteigenschaft aller Fabeln; und wenn eine Fabel nicht wahrscheinlich ist, so taugt sie nichts. Wie kann sie aber wahrscheinlich seyn, wenn sie nicht die Natur zum Vorbilde nimmt, und ihr Fuß vor Fuß nachgeht?"[88]

Die Nachahmung des Schönen der Natur ist laut Winckelmann ebenso unmittelbar von den Griechen erlernbar, weil diese eine tägliche Gelegenheit zur Beobachtung schöner Körper gehabt hätten. Das sei heute nicht mehr möglich, die Natur könne – wohl gerade unter dem eher ungünstigen Eindruck des nordischen Klimas – kaum diese Art der Körper

87 Gottsched, Johann Christoph: *Ausgewählte Werke.* Zwölf Bände. Herausgegeben von Joachim Birke und P. M. Mitchell. Berlin und New York 1968–1987, hier Band 6,1, S. 149

88 Ebd., S. 140

hervorbringen, an denen die Griechen sich orientierten konnten. Das antike Umfeld ist für Winckelmann also das ideale Szenario zur Herausbildung des guten Geschmacks und des Sinns für Schönheit.[89] Dabei deutet Winckelmann kritisch in die italienische Vergangenheit, diesmal zu Gian Lorenzo Bernini, der den „Griechen den Vorzug einer theils schönern Natur, theils Idealischen Schönheit ihrer Figuren hat streitig machen wollen“[90]. Er war einer der bedeutendsten italienischen Bildhauer und Architekten des Barock. Bernini hatte maßgeblichen Einfluss auf die Entwicklung der barocken Skulptur und Architektur in Rom. Heute kann man sein Erbe beispielsweise im Rom im Fontana dei Quattro Fiumi (Vierströmebrunnen) in der Mitte der Piazza Navona, dem Tritonenbrunnen in der Mitte der Piazza Barberini oder auch in den lebensgroßen Marmor-Skulpturen „Apollo und Daphne“ und „Raub der Proserpina“ (Galleria Borghese) bewundern. Bernini habe sich mit Betrachtung der hohen Schönheit beschäftigt und versucht, „Formen, aus der niedrigsten Natur genommen, gleichsam durch das Übertriebene zu veredeln“[91]. Das Problem: „[S]eine Figuren sind wie der zu plötzlichem Glücke gelangte Pöbel; sein Ausdruck ist oft der Handlung wider sprechend, so wie Hannibal im äußersten Kummer lachte.“[92] Es ist also für Winckelmann nicht denkbar, das künstlerische Schaffen einer Person gelten zu lassen, die sich gegen die perfekte Nachahmung des griechischen Ideals wendet. Es erscheint ihm sogar völlig unverständlich, wie solche Personen in der öffentlichen Meinung auch noch zu andauernder Prominenz kommen können.[93] Echte historische Wirksamkeit

[89] Vgl. Winckelmann, *Gedancken*, S. 20f.
[90] Winckelmann, *Gedancken*, S. 19
[91] Winckelmann, *Geschichte der Kunst des Altertums*, S. 126
[92] Ebd.
[93] Vgl. ebd.

und Reputation sind nicht durch eigene Ideen oder die Entfernung des griechischen Vorbilds möglich; selbst herausragende Kunstwerke wie des großen Bernini besitzen nicht den gleichen Wert wie solche, die in der direkten Nachfolge der alten Griechen entstanden sind. Denn nur diese können die wahre Schönheit ausdrücken und den Künstler und das Kunstwerk zu etwas wirklich Außergewöhnlichem machen. Alle anderen Versuche müssen letztlich zwangsläufig hinter diesen zurückbleiben und können nur einen Abglanz dessen bieten, was groß und nachahmenswert ist. Dies muss, über die Natur hinaus, von den Griechen erlernt werden.

III.I Die Betrachtung der Laokoon-Gruppe

Es ist nun an der Zeit, das Zentrum der Gedankenwelt Winckelmanns näher zu betrachten; es ist der Kerngedanke, für den Winckelmann eben bis heute noch bekannt und aktuell ist (und auf den er regelmäßig verkürzt wird; das Wissen über Person und Werk verengt sich sehr oft genau darauf). Nach der allgemeinen Herleitung des guten Geschmacks von den alten Griechen kommt Winckelmann schnell zum Punkt. Für ihn ist das „allgemeine vorzügliche Kennzeichen der Griechischen Meisterstücke [...] endlich eine edle Einfalt, und eine stille Grösse“[94]. Ja, die vielbeschworene edle Einfalt und stille Größe! Es ist die Formel, die später zu Schlagwörtern der Weimarer Klassik um Goethe, Schiller, Herder und Co. werden soll und die aus Winckelmanns Sicht in nuce das beschreibt, das die griechischen Kunstwerke zu ewiger Vollkommenheit erhebt (und dessen Nachahmung damit wohl umso wichtiger wird).

Es ist eine strikte Abgrenzung zu den Verspieltheiten und

[94] Winckelmann, *Gedancken*, S. 27

Übertreibungen aus Rokoko und Barock – wir erinnern uns an die Kritik am großen Bernini, der in barocker Pracht eben nicht nur die griechischen Vorbilder imitiert, sondern seinen Werken Eigenschaften gibt, die mit der Natur nichts zu tun haben. Die barocke Pracht, der gigantische Glanz mit den allgegenwärtigen künstlerischen Übertreibungen, ausdrucksvoll, bewegt, gefühlsbetont und das Dekorative des Rokokos mit dem verspielten Schönheitsideal von eleganter Leichtigkeit und Anmut mit überbordenden Verzierungen und der Vorliebe für das Unregelmäßige, für Asymmetrie – das sind nicht Winckelmann Sujets und erst recht nicht die Entsprechungen der Kunst, die er wirklich für die ideale hält.

Auch hebt sich Winckelmann erstmals von französischen und italienischen Zeitgenossen ab, die ihren Klassizismus größtenteils auf die römische Antike beziehen. Für den deutschen Gelehrten, der mit seiner Schrift im Alter von 38 Jahren spätberufen zum europäischen Superstar wird, ist das auch eine soziologische Frage: Die schöne Seele, die sittliche Größe und den guten Geschmack, eben herausgebildet durch das angenehme Klima und die förderlichen gesellschaftlichen und politischen Rahmenbedingungen, überträgt Winckelmann auch auf die Künstler dieser Epoche: Was Winckelmann in den Kunstwerken sieht, sieht er auch im Künstler als historische und soziale Person.

In einem Brief an Berendis – seinen Freund aus früheren Zeiten –, nennt er zwei herausragende Ziele seiner *Gedancken*: Er will die aufs „Höchste getrieben[e] Wahrscheinlichkeit von der Vorzüglichkeit der Natur unter den Griechen“[95] herausstellen und Bernini widerlegen. Damit wird noch einmal deutlich, was Winckelmann vorhat. Es geht ihm um nicht weniger als die – in modernen Worten – Disruption der bis-

[95] Zit. nach Winckelmann, *Gedancken*, S. 239

herigen Kunstauffassung und -herleitung.
Deutlich wird, dass es laut Winckelmann einer völlig neuen Orientierung badarf, die sich neu und anders besinnt als das, was es bislang gab. Winckelmann will durch seine Schrift zu einem Paradigmenwechsel anregen und dazu motivieren, Kunst (und Welt) mit völlig neuen Augen zu betrachten. Das, was bislang existiert, kann nicht das Ideal sein, weil es auf den falschen Vorbildern und Paradigmen beruht. Nur wenn das antike Griechentum zur Gänze als das absolut Vollständige, Einmalige, Einzigartige erkannt und anerkannt wird, kann wahre Kunst entstehen, die sich von allem absetzt, was bislang in einer nicht idealen Art und Weise entstanden ist.
Der große seelische Zustand voll innerer Ruhe ist das herausragende Kennzeichen der allerersten Güte der griechischen Künstler und Kunstwerke. Sie sind im Ganzen getrieben von der edlen Einfalt und der stillen Größen, die sie über alles andere erheben; denn dieser Idealzustand ist nur einmal erreicht worden, eben im griechischen Altertum. Winckelmann bemüht dafür ein interessantes Bild: „So wie die Tiefe des Meeres allzeit ruhig bleibt, die Oberfläche mag noch so wüten, eben so zeiget der Ausdruck in den Figuren der Griechen bey allen Leidenschaften eine grosse und gesetzte Seele.“[96] Es ist das Ideal des Wahren, Guten und Schönen: Ganz gleich, was passiert, die Seele bleibt ruhig und gelassen, weil sie von einer höheren Macht und höheren Idealen geleitet wird. Die banale Wirklichkeit wird ausgeblendet, die absolute Größe der menschlichen, der antiken Seele, die unbewegt von exogenen Faktoren und Schocks ist und sich durch nichts in Unruhe versetzen lässt.
Winckelmann entwickelt seine Gedanken zur edlen Einfalt und stillen Größe anhand der sogenannten Laokoon-Gruppe,

[96] Winckelmann, *Gedancken*, S. 27f.

die heute in den Vatikanischen Museen zu sehen ist. Sie gilt als die bedeutendste Darstellung des Todeskampfs Laokoons und seiner Söhne in der bildenden Kunst. Die Skulptur der Bildhauer Hagesandros, Polydoros und Athanadoros aus Rhodos ist nur in einer 1,84 Meter hohen Marmorkopie aus der zweiten Hälfte des ersten Jahrhunderts vor Christus oder dem Anfang des ersten Jahrhunderts vor Christus erhalten. Das Original war vermutlich eine um 200 vor Christus entstandene Bronzeplastik aus Pergamon, die nicht erhalten ist.

Die Laokoon-Gruppe wurde 1506 und von Papst Julius II.[97] für den Vatikan erworben. Die nicht vollständig erhaltene Gruppe – es fehlen der rechte Arm Laokoons und des jüngeren Knaben sowie die rechte Hand des älteren Sohnes – wurde mehrfach restauriert und ergänzt, abgegossen bzw. kopiert und im Wettstreit mit der antiken Vorlage variiert. Der rechte emporgestreckte Arm des Vaters wurde Anfang des vorigen Jahrhunderts aufgefunden, aber erst später als solcher erkannt und im Zuge der Restaurierung in den 1950er Jahren angesetzt. Die Wiederentdeckung der Laokoon-Gruppe erregte in der Renaissance großes Aufsehen.

Die allgemeine kunsthistorische Bedeutung stellt Winckelmann folgend heraus:

> „Wir wissen, daß man dieses Werk schon im Altertume allen Gemälden und Statuen vorziehen wollte, und also verdient es bei der niedrigen Nachwelt, die nichts in der

[97] Julius II. gehört zu den bedeutendsten Päpsten überhaupt. Am 18. April 1506 begann er den Bau des Petersdoms, um die größte und prächtigste Kirche des Erdkreises zu erbauen. Während seiner Amtszeit berief er das Fünfte Laterankonzil ein und begründete im Jahr 1506 die päpstliche Schweizergarde. Ebenso beauftragte der Renaissancepapst den großen Michelangelo, das Deckengewölbe der Sixtinischen Kapelle auszumalen, Raffael gewann er für die Arbeiten in den Privatgemächern im Vatikanpalast.

Kunst demselben zu vergleichen hervorgebracht hat, um desto größere Aufmerksamkeit und Bewunderung; Der Weise findet darinnen zu forschen und der Künstler unaufhörlich zu lernen, und beide können überzeugt werden, daß mehr in demselben verborgen liegt, als was das Auge entdeckt, und daß der Verstand des Meisters viel höher noch als sein Werk gewesen."[98]

Fotografien der Laokoon-Gruppe lassen sich unter anderem in der archäologischen Datenbank „Arachne" (unter der Seriennummer 146910) frei zugänglich auffinden. Es wird dringend anempfohlen, die Laokoon-Gruppe genau zu betrachten, um einen ästhetischen Eindruck davon zu erhalten und Winckelmanns Gedanken besser nachvollziehen zu können.
Die Laokoon-Gruppe stellt den trojanischen Priester Laokoon mit seinen beiden Söhnen vor. Er spielt beim Krieg um Troja eine wesentliche Rolle und warnt die Trojaner vor dem legendären hölzernen Pferd, den die zum Schein abziehenden Griechen mit versteckten Kriegern in seinem Bauch als vermeintliches Geschenk zurücklassen, um auf diese Weise heimlich in die Stadt zu gelangen. Athene, die Schutzgöttin der Griechen, lässt den Priester, als er am Strande dem Meergott Poseidon opfert, und seine Söhne durch zwei Seeschlangen erwürgen. Schließlich ist der Fall Trojas durch die Götter gewollt, sodass Laokoon sterben muss, um den Plan nicht zu gefährden. Denn Laokoon warnt zurecht vor dem Pferd, wenn er mit dem Speer auf das Pferd einsticht und damit abprallt. Die Trojaner meinen in dem Tod eine Strafe der Götter für die Entweihung des Geschenkes zu sehen, ziehen das hölzerne Pferd in die Stadt und besiegeln damit ihren Untergang.
Im Epos *Aeneis* des römischen Dichters Vergil heißt es dazu:

[98] Winckelmann, *Geschichte der Kunst des Altertums*, S. 277

„Noch ein größerer jetzt und noch graunvollerer Anblick / Stellt sich den Elenden dar und verwirrt die erschrockenen Herzen. / Priester, gezogen durch Los, war Laokoon dort dem Neptunus, / Dem den gewaltigen Stier an dem Festaltare er weihte. / Siehe von Tenedos her, zwiefach durch stille Gewässer / Nahn (ich erzähl' es mit Graun) unermeßlich kreisende Schlangen, / Über das Meer sich dehnend und eilen zugleich an das Ufer; / Denen die Brust, in den Wellen emporgebäumt, und die Mähne / Blutrot aus dem Gewog' aufragt; ihr übriger Leib streift / Hinten die Flut, und sie rollen unendliche Rücken in Wölbung. / Laut mit Geräusch her schäumet die Flut; jetzt drohn sie gelandet, / Und, die entflammeten Augen mit Blut durchströmet und Feuer, / Zischen sie beid' und umlecken mit regerer Zunge die Mäuler. / Alle entfliehn vor der Schau blutlos. Doch sicheren Schwunges / Gehn sie Laokoon an; und zuerst zwei schmächtigen Söhnlein / Dreht um den Leib ringsher sich das Paar anringelnder Schlangen, / Schnüret sie ein, und, – o Jammer – zernagt mit dem Bisse die Glieder. / Drauf ihn selbst, der ein Helfer sich naht und Geschosse daherträgt, / Fassen sie schnell und knüpfen die gräßlichen Windungen: und schon / Zweimal mitten umher, zweimal um den Hals die beschuppten / Rücken geschmiegt, stehn hoch sie mit Haupt und Nacken gerichtet. / Jener ringt mit den Händen, hinweg die Umknotungen drängend, / Ganz von Eiter die Bind' und schwärzlichem Gifte besudelt; / Und graunvolles Geschrei hochauf zu den Sternen erhebt er: / So wie Gebrüll auftönt, wann blutend der Stier vom Altare / Floh und die wankende Axt dem verwundeten Nacken entschüttelt. / Aber sie beid' entrollen zum oberen Tempel, die Schlangen, / Schlüpfrigen Gangs, und ereilen die Burg der erzürnten Tritonis, / Wo sie unter die Füß' und des Schildes Wölbung sich bergen."[99]

In der Statue der Laokoon-Gruppe findet Winckelmann den Beleg für seine Ansicht der großen und gesetzten Seele der alten Griechen. Die Beschreibung ist eindringlich und szenisch. Sie lässt ahnen, mit welcher tiefen Empfindung und Begeisterung Winckelmann die antike Kunst betrachtet:

> „Diese Seele schildert sich in dem Gesicht des Laocoons, und nicht in dem Gesicht allein, bey dem heftigsten Leiden. Der Schmertz, welcher sich in allen Muskeln und Sehnen des Cörpers entdecket, und den man gantz allein, ohne das Gesicht und andere Theile zu betrachten, an den schmertzlich eingezogenen Unter-Leib beynahe selbst zu empfinden glaubet; dieser Schmertz, sage ich, äussert sich dennoch mit keiner Wuth in dem Gesichte und in der gantzen Stellung. Er erhebet kein schreckliches Geschrey, wie Virgil von seinem Laocoon singet: Die Oeffnung des Mundes gestattet es nicht; es ist vielmehr ein ängstliches und beklemmtes Seufzen, wie es Sadoleto beschreibet. Der Schmertz des Cörpers und die Grösse der Seele sind durch den ganzen Bau der Figur mit gleicher Stärcke ausgeteilet, und gleichsam abgewogen. Laokoon leidet, aber er leidet wie des Sophocles Philoctetes: sein Elend gehet uns bis an die Seele; aber wir wünschten, wie dieser grosse Mann, das Elend ertragen zu können. Der Ausdruck einer so grossen Seele gehet weit über die Bildung der schönen Natur: Der Künstler mußte die Stärcke des Geistes in sich selbst fühlen, welche er seinem Marmor einprägete. Griechenland

[99] Vergil: *Aeneis.* Übersetzung durch Johann Heinrich Voss, neu herausgegeben von Otto Güthling. Leipzig 1875, hier II. Gesang, Vv. 198—226

> hatte Künstler und Weltweisen in einer Person, und mehr als einen Metrodor. Die Weisheit reichte der Kunst die Hand, und blies den Figuren derselben mehr als gemeine Seelen ein."[100]

Winckelmanns Beschreibung lässt sich wunderbar nachvollziehen und nachempfinden. Der Schmerz ist natürlich vorhanden, wie kann es auch anders sein. Doch Laokoon lässt dem Schmerz keinen freien Lauf mit Geschrei, verzerrtem Mund und Hass, Wut und Zorn in den Augen. Seine Mimik entspricht nicht dem, was man gemeinhin erwarten würde, wenn giftige Meeresschlangen über eine Person herfallen und unabwendbar den Tod bringen werden.

Und genau an dieser Stelle setzt Winckelmann an und führt seine beinahe logische Ableitung aus: Aus der gesamten Stellung des Gesichts und der Mimik Laokoons geht die Haltung einer großen und ruhigen Seele hervor. Der große Mann Laokoon erträgt Leid und Elend ruhig und gelassen. Es ist eine unsagbare Größe und Würde des Geistes, die aus Laokoon spricht und die der Künstler an die Oberfläche holt. Laokoons Stärke erhält damit einen originären Ausdruck. Sie besteht im Todeskampf fort, im Verlust des Absoluten. Laokoon verliert sein eigenes Leben und weiß um das Schicksal seiner Söhne; seine Familie steht vor der Auslöschung durch den Tod des Vaters und der Söhne. Die priesterliche Blutlinie kann nicht fortgeführt werden. Und trotz allem bleibt Laokoon unbeeindruckt. Es ist nur das Aufblitzen des Schmerzes und des Leids, das er sich gestattet. Bei Winckelmann heißt es:

[100] Winckelmann, *Gedancken*, S. 28

> „Sein eigenes Leiden aber scheint ihn weniger zu beängstigen als die Pein seiner Kinder, die ihr Angesicht zu ihrem Vater wenden und um Hilfe schreien: denn das väterliche Herz offenbart sich in den wehmütigen Augen, und das Mitleiden scheint in einem trüben Dufte auf denselben zu schwimmen.“[101]

Die typischen Empfindungen des sterbenden Menschen gelangen bei Laokoon nicht nach außen; selbst wenn er sie fühlen sollte, bleiben sie unsichtbar. Sie werden von der großen Seele zurückgehalten und damit korrespondieren der Schmerz des Körpers und die Größe der Seele:

> „Laokoon ist eine Natur im höchsten Schmerze, nach dem Bilde eines Mannes gemacht, der die bewußte Stärke des Geistes gegen denselben zu sammeln sucht; und indem sein Leiden die Muskeln aufschwellt und die Nerven anzieht, tritt der mit Stärke bewaffnete Geist in der aufgetriebenen Stirn hervor, und die Brust erhebt sich durch den beklemmten Atem und durch Zurückhaltung des Ausbruchs der Empfindung, und den Schmerz in sich zu fassen und zu verschließen. Das bange Seufzen, welches er in sich und den Atem an sich zieht, erschöpft den Unterleib und macht die Seiten hohl, welches uns gleichsam von der Bewegung seiner Eingeweide urteilen läßt.“[102]

Auch lexikalisch und etymologisch weist Winckelmanns Diktion auf die Einfachheit, Reinheit, Lauterkeit des Geistes und des Gemüts hin. Denn dafür steht die edle Einfalt als eine streng sittliche Komponente. Mit dem Adjektiv 'edel' werde

---

[101] Winckelmann, *Geschichte der Kunst des Altertums*, S. 278

[102] Winckelmann, *Geschichte der Kunst des Altertums*, S. 278

die positiv verstandene Einfalt dann auch noch verstärkt, sodass Adel und Aristokratie des Geistes und der Haltung darin ihren Ausdruck finden:

> „In der Laokoon-Gruppe drückt sich ein Adel aus, der sich auf das Wesen, den inneren Kern, die Seele dieser Figuren bezieht. Sie sind nicht nur vornehm qua ihrer Herkunft, sie sind nicht antrainiert vornehm, sondern sie besitzen diese Noblesse ganz selbstverständlich, ganz natürlich. Nichts ist hier gekünstelt, alles ist echt – das eben sieht Winckelmann in den Figuren. Edel ist man oder ist es eben nicht."[103]

Weiterhin formuliert Winckelmann seine Einschätzung, dass edle Einfalt und stille Größe auch mit der Darstellung einer Figur an sich zusammenhängen. Nur durch einen ruhigen Körper kann auch die große Ruhe der Seele akkurat präsentiert werden. Ist der Körper in Bewegung und Unruhe, verfällt auch die Seele in einen nämlichen Zustand, der, in Winckelmanns Augen, nicht ihr eigentlicher ist. Befindet sich der Körper in großer Aktivität, wird die Seele ebenso in eine große Bewegung gezwungen, die das Große und Edle unterdrückt. Daher braucht der Körper eine Form, „um das Bezeichnende und das Edle der Seele in eins zu vereinigen, eine Action, die dem Stand der Ruhe in solchem Schmertz der nächste war"[104]. Das bedeutet: Der ruhige Ausdruck der Seele wird durch die Körperhaltung unterstützt. Die Beherrschung

[103] Artikel „Eine der berühmtesten antiken Skulpturen – die Laokoon-Gruppe", in: *Goethezeitportal*, Zugriff am 26. Dezember 2020 unter http://www.goethezeitportal.de/wissen/projektepool/goethe-schiller-co/die-weimarer-klassik/eine-der-beruehmtesten-antiken-skulpturen-die-laokoon-gruppe.html

[104] Winckelmann, *Gedancken*, S. 29

des Schmerzes auch im körperlichen Ausdruck ist die wahre Größe. Dabei ist Winckelmann auch wieder sehr nah an der Naturnachahmung, die ihm so wichtig ist. „Die Natur, welche der Künstler nicht verschönern konnte, hat er ausgewickelter, angestrengter und mächtiger zu zeigen gesucht: da, wohin der größte Schmerz gelegt ist, zeigt sich auch die größte Schönheit.“[105]

In der Forschung ist Winckelmanns Schrift, man kann es sich vorstellen, sehr breit rezipiert worden; es ist kaum möglich, dieser Breite auch nur ansatzweise in einer Einführung gerecht zu werden. Die *Geschichte der deutschen Literatur* beispielsweise würdigt Winckelmanns Haltung, dass „die griechische Existenz ein Gegenbild der modernen, d.h. der durch die politischen, ökonomischen und religiösen Verhältnisse bedrückten Existenz des damaligen Menschen zeichnet“[106]. Für den Gelehrten sei die künstlerisch überlieferte Antike die Utopie einer idealisierten Gesellschaft im Sinne der republikanischen Freiheit. Winckelmann Ansinnen sei, dass die „Normen, die sich zu einer bestimmten Zeit unter bestimmten klimatischen, sozialen, religiösen und politischen Voraussetzungen gebildet haben, universale Gültigkeit beanspruchen dürfen, also unter völlig anderen Umständen immer noch richtig sein sollen.“[107]

> „[...] Winckelmanns Utopie liegt in der Vergangenheit, ist dafür konkreter und nicht weniger verpflichtend. Gerade hierin hatte er seine Bedeutung für die deutsche Klassik, die weder bei dem Historismus und Relativismus des jungen Herder stehen bleiben noch auf einen überholten

[105] Winckelmann, *Geschichte der Kunst des Altertums*, S. 278

[106] Jørgensen / Bohnen / Øhrgaard, *Aufklärung, Sturm und Drang, frühe Klassik*, S. 339

[107] Ebd.

> Klassizismus zurückgreifen konnte. Sowohl Herders Humanitätsbegriff als auch Winckelmanns Idealbild der freien religiösen sittlichen und politischen Existenz der griechischen Polis waren wichtig."[108]

Dass Winckelmanns Kunst- und Schönheitsverständnis vor allem auf den harmonischen Bedingungen des antiken Griechenlands beruht, ist nun deutlich geworden. So sei Kunst entstanden, die sich ganz auf ihr Wesen hätte besinnen können und eben aus den Verhältnissen der historischen Epoche hervorgegangen und darin verwickelt gewesen sei.[109] Winckelmann sei in diesem Punkt der Aufklärung gefolgt, „die den Menschen als Gewohnheitstier kennengelernt hat. Die besondere Qualität der Lebensweise resultierte bei ihm aus der Vertrautheit mit bestimmten Formen des Sozialen, des Umgangs, der Sprache, des Denkens oder der Kunst, die durch natürliche Bedingungen, politische Umstände und erbliche Anlagen einfach da sind."[110] Ebenso hegt Winckelmann die Absicht, sich gegen die französische Vorherrschaft in der Kultur zu wenden:

> „Gerade dadurch, dass er den zeitgenössischen Künstlern allein die Griechen zum Vorbild setzt, will er eine deutsche Schule in Abkehr von der französischen Kulturhegemonie in Leben rufen (die französische Kultur hat sich von jeher auf das Paradigma ‚Rom' berufen). Der ‚Graecozentrismus' der deutschen Klassik bleibt daher durch diejenige

[108] Jørgensen / Bohnen / Øhrgaard, *Aufklärung, Sturm und Drang, frühe Klassik*, S. 339; die geistesgeschichtliche Rezeption in der deutschen Klassik wird im nächsten Kapitel ausgeführt.
[109] Vgl. Martus, Steffen: *Aufklärung. Das deutsche 18. Jahrhundert – ein Epochenbild.* Berlin 2015, S. 694
[110] Ebd.

> Konkurrenz zu Frankreich motiviert, die in Winckelmanns Gallophobie die Ablehnung des Barock-Manierismus mit der republikanischen Absolutismus-Kritik verbindet."[111]

Winckelmann, der gebildete Kosmopolit, der sich auf jedem Parkett sicher zu bewegen scheint und international höchstes Ansehen genießt, hält sich mit seiner Kritik an Frankreich nicht zurück. Mit edler Einfalt und stiller Größe seiner eigenen Person hat dies wenig zu tun, wenn er schreibt: „Ein Franzose, so wie die Nation itzo ist, ist ungeschickt ein großer Künstler, ein gründlicher Gelehrter zu werden, ja kein Franzose kann eine andere Sprache ohne Lachen zu erwecken, reden lernen. Keiner kann ein ehrlicher Mann sein."[112] Damit spricht Winckelmann den Franzosen nicht nur geistig-intellektuelle und künstlerische Kompetenzen ab, sondern auch charakterliche Redlichkeit, und erhebt im gleichen Schritt alles Nichtfranzösische zur Spitze der Kultur. Da sich die Franzosen nicht an dem alten Griechentum orientieren, kann daraus nichts Rechtes entstehen. Und wenn Winckelmann sich über den charakteristischen Akzent der Franzosen bei der Aussprache fremder Zungen lustig macht, wirkt dies eher peinlich und will eigentlich nicht zu Winckelmanns Weltläufigkeit passen. Es ist vielmehr deutliches Zeichen seines Selbstbewusstseins und seiner Eitelkeit, die durch den Erfolg als Künstler geprägt sind: „Mit seinem Genius hängt auch die ausgeprägte Selbstsicherheit zusammen, die sich in schonungsloser Polemik, aber auch im Verzicht darauf zeigen konnte."[113] Kein allzu sympathischer Zug, aber offensichtlich

[111] Meier, Albert: *Klassik – Romantik.* Stuttgart 2008, S. 119

[112] zit. nach Haupt, *Winckelmann*, S. 89

[113] Sichtermann, Hellmut: *Kulturgeschichte der klassischen Archäologie.* München 1996, S. 95

eignet großen Geistern eine gewisse Großspurigkeit.

III.II Lessings Kritik an Winckelmann

Winckelmann ist ein Star des 18. Jahrhunderts, gewiss. Aber seine Gedanken sind nicht allgemein völlig unwidersprochen hingenommen worden. Der Aufklärer Gotthold Ephraim Lessing beispielsweise widerspricht ihm vehement. Seine kunsttheoretische Schrift *Laokoon oder über die Grenzen der Mahlerey und Poesie* erscheint 1766 und geht hart mit dem Gelehrten ins Gericht. Während Winckelmann die Tatsache, dass der Laokoon nicht schreit, als Bestätigung seiner These ansieht, dass die Griechen grundsätzlich alles Schmerzhafte und Hässliche aus ihrer Kunst fernhielten, findet Lessing einen anderen Zugang zur Laokoon-Gruppe. Er will zeigen, dass der neutrale, seufzende Gesichtsausdruck des antiken Priesters nichts mit edler Einfalt und stiller Größe zu tun hat, sondern auf den Unterschied von bildenden Künsten und Literatur zurückzuführen ist. Für Lessing ist klar, dass bildende Kunst und Dichtung nicht miteinander vergleichbar seien, wie es bisher in der Tradition des Leitsatzes „ut pictura poesis" („ein Gedicht ist wie ein Gemälde") nach Horaz gefordert wurde. Während die Dichtung generell Handlungen darstellt, sind Gegenstände das Thema der bildenden Kunst. Die verschiedenen Richtungen können die Gegenstände der jeweils anderen Kunst nur unzureichend wiedergeben.
Nun aber zu Lessings Kritik an Winckelmann. Der Aufklärer geht gleich aufs Ganze und steigt in Kapitel I mit dem bekanntgewordenen Zitat aus Winckelmanns *Gedancken* ein, um damit einen Ausgangspunkt für seine eigene Lesart zu schaffen. Zwar bestätigt Lessing, dass das Gesicht Laokoons nicht den Schmerz und die Wut zeige, den man in diesem

Szenario eigentlich erwarten sollte. Das hat aber für Lessing nichts mit Winckelmanns Verständnis vom allgemeinen hohen Charakter der alten Griechen zu tun. Er führt eine ganze Reihe an Beispielen aus der Literatur an, die tatsächlich das Gegenteil beweisen; selbst Winckelmanns Abgott Homer liefert zahlreiche Szenen, in denen griechische Helden schreien und wüten und damit genau nicht dem Ideal entsprechen, das Winckelmann von der Laokoon-Gruppe auf das antike Griechenland allgemein abgeleitet hat.

Nach Lessings Auffassung folgt der Grieche der Natur nach und überwindet sie nicht im Stil Laokoons. Lessings Grieche fühl und fürchtet, äußert Schmerzen und Kummer und schämt sich menschlicher Schwachheiten.[114] Das macht er insbesondere an Homers Dichtung aus:

> „Schreyen ist der natürliche Ausdruck des körperlichen Schmerzes. Homers verwundete Krieger fallen nicht selten mit Geschrey zu Boden. Die geritzte Venus schreyet laut; nicht um sie durch dieses Geschrey als die weichliche Göttin der Wollust zu schildern, vielmehr um der leidenden Natur ihr Recht zu geben. Denn selbst der eherne Mars, als er die Lanze des Dioemedes fühlet, schreyet so gräßlich, als schrieen zehn tausend wüthende Krieger zugleich, daß beyde Heere sich entsetzen. So weit auch Homer sonst seine Helden über die menschliche Natur erhebt, so treu bleiben sie ihr doch stets, wenn es auf das Gefühl der Schmerzen und Beleidigungen, wenn es auf die Äusserung dieses Gefühls durch Schreyen, oder durch Thränen, oder durch Scheltworte ankömmt. Nach ihren Thaten sind es

[114] Vgl. Lessing, Gotthold Ephraim: *Laokoon oder Über die Grenzen der Malerei und Poesie. Studienausgabe.* Herausgegeben von Friedrich Vollhardt. Stuttgart 2012, S. 13

Geschöpfe höherer Art; nach ihren Empfindungen wahre Menschen."[115]

Auch in der *Ilias* sind viele vergleichbare Textstellen zu finden: Der große Achilleus ruft beispielsweise weinend und flehend seine Mutter an (I. Gesang, Vv. 348ff.) und wütet außer sich über den Tod seines besten Freundes Patroklos, über den er Tränen vergießt und sich die Haare ruft (XVIII. Gesang, Vv. 27ff.). Und Peleus, in der griechischen Mythologie König der Myrmidonen von Phthia in Thessalien, wird zugesprochen, bei großem Leiden vor Schmerzen zu weinen (VII. Gesang, V. 125). Auch bei Sophokles findet Lessing ein treffendes Beispiel für seine These, dass dem Griechen nicht per se eine große Seele eignet, die alles schweigend erträgt. Die dramatische Figur des leidenden Philoktet – den Winckelmann als positives Beispiel für seine These heranzieht – fällt durch „Klagen, [...] Geschrey, [...] wilde[.] Verwünschungen"[116] auf, und Sophokles lässt ihn „klagen, winseln, weinen und schreyen"[117]. Daraus leitet Lessing seine Kernaussage ab, nämlich dass es einen eklatanten Widerspruch gibt zwischen Dichter und Bildhauer:

> „Wenn es wahr ist, daß das Schreiben bey Empfindungen körperlichen Schmerzes, besonders nach der alten griechischen Denkungsart, gar wohl mit einer grossen Seele bestehen kann: so kann der Ausdruck einer solchen Seele die Ursache nicht seyn, warum dem ohngeachtet der Künstler in seinem Marmor dieses Schreyen nicht nachahmen wollen; sondern es muß einen andern Grund haben, warum

[115] Ebd., S. 12
[116] Lessing, *Laokoon*, S. 11
[117] Ebd. S. 14

er hier von seinem Nebenbuhler, dem Dichter abgehet, der dieses Geschrey mit bestem Vorsatze ausdrücket."[118]

Lessing ist angetrieben von der Kritik an der generellen Deutung der Laokoon-Gruppe im Sinne der stoischen Morallehre. Als Stoa wird eines der wirkungsmächtigsten philosophischen Lehrgebäude in der abendländischen Geschichte bezeichnet. Für den Stoiker als Individuum gilt es, seinen Platz in einem als universell verstandenen Prinzip der Weltordnung zu erkennen und auszufüllen, indem er durch die Einübung emotionaler Selbstbeherrschung sein Los zu akzeptieren lernt und mit Hilfe von Gelassenheit und Seelenruhe nach Weisheit strebt. Das liegt natürlich ganz nah an Winckelmanns Auffassung von der antiken Figurengruppe und der Übertragung dieses ertragenden Stoizismus auf das Griechentum im Allgemeinen. Um seinen Punkt zu verdeutlichen, greift Lessing auf einen kleinen spekulativen Trick zurück, indem er feststellt, dass in einer dramatischen Adaption des Laokoon-Stoffes durch den Dramatiker Sophokles (ein solches Stück findet sich laut Lessing unter den verlorenen Texten) der Priester in seinem Todeskampf auch seinen Empfindungen gefolgt wäre.

> „Alles Stoische ist umtheatralisch; und unser Mitleiden ist allezeit dem Leiden gleichmäßig, welches der interessirende Gegenstand äussert. Sieht man ihn sein Elend mit grosser Seele ertragen, so wird diese grosse Seele zwar unsere Bewunderung erwecken, aber die Bewunderung ist ein kalter Affekt, dessen unthätiges Staunen jede andere deutliche Vorstellung, ausschliesset."[119]

118 Ebd., S. 15

119 Lessing, *Laokoon*, S. 15

Das bedeutet: Ohne große Empfindungen, ohne den wahrhaftigen Ausdruck des Leidens und der Schmerzen kann die Literatur nicht funktionieren; daher muss sie zwangsläufig von der edlen Einfalt und stillen Größe abrücken, die die Bildhauerei vorbildlich und nachvollziehbar ausführen kann. Der Erschaffer der Laokoon-Gruppe will größtmögliche Schönheit trotz des Moments des größten Schmerzes zeigen. Daher musste er „Schreyen in Seufzen“[120] mildern. Mit aufgerissenem Mund wäre der Priester in der Form der Statue nicht vorstellbar; der ästhetische Gehalt wäre nicht vorhanden, sodass die Verhüllung des Schmerzes als Katalysator von Schönheit in der Skulptur dient. Lessing konfrontiert die stoische Morallehre mit einer „wirkungsästhetischen Auslegung [...]. Er verfolgt dabei das Ziel, die Gestaltungsmöglichkeiten der Literatur im Vergleich zu denen der bildenden Kunst aufzuwerten; darauf deuten auch die Entwürfe zu den nicht vollendeten Teilen des Werkes hin.“[121]
Die literaturwissenschaftliche Forschung hat diesen trennenden Ansatz nicht unkritisch zur Kenntnis genommen. Die Unterscheidung in literarische und bildende Kunst sei nur in der großen Präzision neu für die Zeit gewesen, aber die Auseinandersetzung des theoretischen Konflikts mit Winckelmann zeige die „Begrenzung Lessings und sein Unverständnis angesichts einer den sinnlichen Gegenstand in seine Ganzheit erfassenden Gestalt“[122]. Für Lessing ist die Schönheit unterschiedlich zu verwirklichen, sei es durch „Handlung“ (Literatur) oder eben „Gegenstand“ (bildende Kunst). Sie muss in jedem Fall ihre Bedeutsamkeit beim Betrachter hervortreten lassen. Lessing geht damit von der Winckelmannschen Auf-

[120] Ebd., S. 23

[121] Lessing, *Laokoon*, S. 443

[122] Jørgensen / Bohnen / Øhrgaard, *Aufklärung, Sturm und Drang, frühe Klassik*, S. 266

fassung des Absoluten hin zu einer Auffassung des Spezifischen: Schönheit, Ästhetik und Empfindung sind keine absoluten Prämissen, die in einer Form immer und überall gleichermaßen Gültigkeit besitzen und sich daher über Künste und Realitäten hinweg verallgemeinern lassen. Die Eigenschaften sind abhängig vom Medium, und die künstlerischen Formen sind gleichwertig zueinander.

IV. Winckelmann und die deutsche Klassik

Winckelmanns Hauptwirkung hat sich in der zweiten Hälfte des 18. Jahrhunderts verbreitet. Der Gelehrte gilt als Wegbereiter der Epoche der deutschen Klassik, deren Werke zum Besten und Nachhaltigsten gehören, das die deutsche Literatur hervorgebracht hat. Die Klassik wird häufig unter dem Begriff der Weimarer Klassik subsumiert und bezeichnete im Verständnis des 19. Jahrhunderts die Zeit, in der das „Viergestirn" Wieland, Goethe, Herder und Schiller in Weimar wirkte. Im zeitlichen Kontext wird die Epoche nach Johann Wolfgang Goethes erster Italienreise 1786 damit bezeichnet. Sie endet im üblichen Verständnis mit Goethes Tod 1832 (wobei dieses Jahrzehnt parallel schon längst von der Spätromantik und dem Wechsel in Richtung Biedermeier geprägt ist und außer Goethe alle anderen Vertreter längst verstorben sind). Häufig wird mit der Weimarer Klassik auch im engen Sinne die gemeinsame Schaffensperiode der befreundeten Dichter Goethe und Schiller bezeichnet, die von 1794 bis 1805 andauerte und mit dem Briefwechsel zwischen beiden einsetzte. Auf diese Zeit wirkt Winckelmann besonders stark, denn in diesen rund elf Jahren entstehen die wichtigsten Werke, die die Bezeichnung klassisch tragen.

In der Epoche der Klassik galt das Streben nach einer moralischen und ästhetisch kultivierten Welt. Weiter spielte die Natur, die als umfassendes Vorbild galt, eine große Rolle. Die klassischen Geister waren davon überzeugt, dass der Mensch gut und erziehbar sei. Der Begriff der Humanität war prägend für diese Zeit. Werte wie Toleranz und Freiheit werden als wesentliche moralische Ziele verstanden. Das bedeutet: Die Menschen sollen durch Kunst und Literatur zu Humanität erzogen und dadurch reif für gesellschaftliche Veränderungen werden. Das hat bereits Kant gefordert. Er erkennt die „Kunst der Humanität"[123] als einen wesentlichen Zustand an und bezieht dies zurück auf die Bedeutung der „Klassiker" im Sinne der antiken Denker und Schriftsteller sowie dem Idealtypus und der Gesetzmäßigkeit klassischer Kunst.[124] Die Kenntnis des antiken Menschen sollte dem modernen Menschen zur Vervollkommnung seiner Natur verhelfen, und das Bildungsideal der Humanitätsepoche hatte sich nach dem Vorbild Shaftesburys und Winckelmanns an der griechischen Antike und seinen geistig-innerlichen Charakter orientiert. [125]

Ganz deutlich tritt der Humanitätsgedanke beispielsweise bei Friedrich Schiller hervor. In der Ankündigung zu seiner Literaturzeitschrift *Die Horen* betont Begriffe wie „Wohlanständigkeit und Ordnung, Gerechtigkeit und Friede"[126], und zielt darauf, die „wahre Humanität zu befördern"[127]. Und bei Johann Gottfried Herder heißt es: „Humanität ist der Schatz und die Ausbeute aller menschlichen Bemühungen, gleichsam die Kunst unseres Geschlechtes. Die Bildung zu ihr ist ein Werk, das unabläßig fortgesetzt werden muß, oder wir sinken, höhere und niedere Stände, zur rohen Thierheit, zur

[123] *Geschichte der deutschen Literatur 2. Von der Aufklärung bis zum Vormärz.* Herausgegeben von Ehrhard Bahr. Zweite, vollständig überarbeitete und erweiterte Auflage. Tübingen und Basel 1998, S. 137

[124] Ein „classicus" war ein wichtiger römischer Bürger, der klassische Schriftsteller ein „Musterautor der spätantiken Grammatiken" (ebd.).

[125] Vgl. ebd., S. 142; zur Verbindung der Weimarer Klassik und der klassischen Antike siehe Kapitel IV.I

[126] Voßkamp, Wilhelm (Hrsg.): *Theorie der Klassik.* Stuttgart 2009, S. 193

[127] Ebd., S. 192

Brutalität zurück."[128] Humanität ist damit übergeordnetes kulturelles und intellektuelles Programm, das auch eine Schutzfunktion für die gesamte Gesellschaft hat. Ohne Humanität ist für eine Gesellschaft, wenn nicht für die ganze Welt, der Untergang nahe. Kann die Humanität nicht gefördert und tief im Wesen eines Volks verankert werden, kann es nur eine Richtung geben: nach unten.

Mit der Weimarer Klassik steht der sogenannte Deutsche Idealismus als bekannte philosophische Strömung in vielfältiger Wechselwirkung. Als deutscher Idealismus wird generell die Epoche der deutschen Philosophie von Immanuel Kant bis zu Georg Wilhelm Friedrich Hegel und dem Spätwerk Friedrich Wilhelm Joseph Schellings bezeichnet. Die Hauptmerkmale des Deutschen Idealismus sind die Thesen der Existenz geistiger Wesenheiten (Entitäten), einer von den Vorstellungen denkender Subjekte nicht unabhängig existierenden Außenwelt und die Überzeugung von der Begründbarkeit des menschlichen Handelns aus Vernunftprinzipien. Oder anders gesagt: „I[dealismus] betrachtet das Geistige als Ursprung, ständigen Hintergrund und letzten Sinn des Seins, als Zentralkraft, die das organisch gedachte Weltsystem in harmon[ischen] Einheit zusammenhält [.]"[129] Für Gero von Wilpert bildet der deutsche Idealismus den geistigen Hintergrund der Weimarer Klassik. Die

> „vorbereitenden Strömungen sind rationale Aufklärung als diesseitsbetonte Verweltlichung der Dichtung, Seeleninnerlichkeit des Pietismus und der Empfindsamkeit und Sturm und Drang als dynam[ischer] Durchbruch des Irra-

[128] Ebd., S. 17f.

[129] Wilpert, Gero von: *Sachwörterbuch der Literatur.* 8., verbesserte und erweiterte Auflage. Stuttgart 2001, S. 363

> tionalen, freie Entfaltung der Gemütskräfte jenseits mechan[ischen] Formgesetze. Erst in Bändigung des jugendl[ichen] Gefühlsüberschwangs und seiner Reifung von der Darstellung des Charakteristischen zu der des Allgemeinen (Symbolsprache) liegen die Voraussetzungen der K[lassik].“[130]

Erziehungsideal der Klassik ist generell die „schöne Seele“. Diese bezeichnet einen Charakter- oder Menschentypus, bei dem die Affekte und die sittlichen Kräfte in einem harmonisch ausgeglichenen und damit auch als ästhetisch schön empfundenen Verhältnis stehen. Es ist die Suche nach dem in sich ruhenden guten und schönen Menschen, in dessen Handeln Pflicht und Neigung sich in Übereinstimmung befinden. Damit hängt auch ein besonderes Kennzeichen der Weimarer Klassik zusammen, die Humanität. Gegen die Unruhen der Zeit (Französische Revolution, Aufstieg Napoleons, Frühindustrialisierung) setzt die Klassik Harmonie und Humanität als Leitideen. Für die Klassiker hat der Mensch durch seinen Geist an der Gottheit, durch seine Natur an der „Tierheit“ teil.

Nochmals ist die Weimarer Klassik eng bei Immanuel Kant. Sein kategorischer Imperativ ist das grundlegende Prinzip ethischen Handelns und besagt unter anderem: „Handle nur nach derjenigen Maxime, durch die du zugleich wollen kannst, dass sie ein allgemeines Gesetz werde.“ Daraus leiten sich für Kant weitere relevante Schlussfolgerungen ab: „Handle nach der Maxime, die sich selbst zugleich zum allgemeinen Gesetze machen kann.“ – „Handle so, daß die Maxime deines Willens jederzeit zugleich als Prinzip einer allgemeinen Gesetzgebung gelten könne.“ – „Handle so, als ob die

130 Ebd., S. 413

Maxime deiner Handlung durch deinen Willen zum allgemeinen Naturgesetze werden sollte." – „Handle nach Maximen, die sich selbst zugleich als allgemeine Naturgesetze zum Gegenstande haben können." – „Handle so, dass du die Menschheit sowohl in deiner Person, als in der Person eines jeden anderen jederzeit zugleich als Zweck, niemals bloß als Mittel brauchst."[131] Der Mensch gewinnt also seine Freiheit und Autonomie dadurch, dass er feststehende moralische Gebote in den eigenen Willen aufnimmt. Die „reine Menschlichkeit" ist das übergeordnete Ideal, woraus wiederum entsprechende Werte wie Menschlichkeit, Toleranz, Maß, Harmonie, Übereinstimmung von Geist und Gemüt, Mensch und Natur und Individuum und Gesellschaft abgeleitet werden. Die Literatur der Weimarer Klassik liefert für diesen Bildungs- und Erziehungsprozess die passenden Werke und Beispiele.

IV.I Weimarer Klassik und klassische Antike

Es ist kaum möglich, die Bedeutung der griechisch-römischen Antike für die Entwicklung der Weimarer Klassik zu hoch anzusiedeln. Die kulturelle und literarische Strömung basiert zu sehr weiten Teilen auf dem historischen Fundament der Antike. Das ist ein streng systematisches Konzept, das nicht nur leere Bedeutung hat. Die Griechen hätten „vollendete Kunstwerke" geschaffen, die heutigen könnten nur „etwas mittelmäßiges […] liefern", schreibt Philipp Otto Runge 1802[132]. Die Antike hat sich für die Klassiker als „naturwüchsig" herausgestellt und „erlaubt der Moderne, die mangelhafte Ge-

---

[131] Kant, Immanuel: *Die Metaphysik der Sitten*, in: *Werke in zwölf Bänden.* Herausgegeben von Wilhelm Weischedel. Frankfurt am Main 1977, hier Band 7, S. 50ff.

[132] Meier, *Klassik – Romantik*, S. 13

genwart in der Idee zu verklären, früher einmal wäre alles besser gewesen"[133]. Antike Literatur bleibt in der Ansicht des 18. Jahrhunderts formal unübertroffen, und die griechischen Klassiker als die ersten großen dichterischen Leistungen der europäischen Kultur sprechen für die Kultur- und Literaturschaffenden der Zeit unmittelbar zur Gegenwart. Die Einflüsse anderer Kulturen und Strömungen können dabei nicht mithalten.[134]

Die Antike bildet das Kommunikations- und Funktionsmodell für das gesamteuropäische Modell der Klassik des 18. Jahrhunderts. Dabei stellt indes der Zusammenhang von Kanon und Klassik unter Formaspekten und unter Gesichtspunkten eines anthropologisch bedingten Bedarfs an Ordnung und Mustergültigkeit[135] in einer Zeit, die sich durch die Französische Revolution in historischem Aufruhr befindet, die gesamte strukturelle Entwicklung und gesellschaftliche Grundierung nicht weniger als vollständig in Frage. Insofern haben vor allem auch Interpretatoren der klassischen Literatur des 19. Jahrhunderts versucht, die klassische deutsche Literatur als „Vorschein politischer Vollendung der deutschen Geschichte in einem einheitlichen und freien Nationalstaat" zu interpretieren. Dies sein ein „bürgerlich-liberaler Traum [...], ein Wunschtraum" geblieben, der „mit einer ganz eigenen

[133] Ebd.

[134] Die Rezeption der Antike in der Weimarer Klassik kann für sich genommen ganze Bänder füllen. Das Kapitel erhebt nicht im Entferntesten den Anspruch, die Tiefe und Bandbreite auch nur annähernd vollständig abbilden zu können. Es muss schon auf Vieles verzichtet werden, das zum Wesentlichsten gehört (beispielsweise auf grundlegende Leitgedanken Friedrich Schillers), von Spezialthemen einmal ganz abgesehen. Insofern kann nur der Aufruf erfolgen, der Leser möge sich selbst einen weiteren Überblick und ein Bild über die Bedeutung und die grundlegenden Inhalte der Weimarer Klassik, gerade auch in Verbindung zur Antike, verschaffen Es ist ein großes Vergnügen.

[135] Vgl. Voßkamp, *Theorie der Klassik*, S. 11

historischen Energie, die noch in der Gründung der Weimarer Republik und der Wahl für den Ort ihrer konstituierenden Versammlung sichtbar geworden ist“[136.] Das zeigt die historische Reichweite der Weimarer Klassik, die noch bis heute nachwirkt und zu einem Sehnsuchtsort des Bildungsbürgertums geworden ist.

In Weimar lässt sich die vergangene Größe des deutschen Geistes erahnen und bewundern, der eben den „Rückgang zur wahren klassischen Kunst und Dichtung der Griechen“[137] proklamiert und damit eine historische Achse zieht, die sich auch der französischen Kulturhegemonie widersetzt, die auf das römische Altertum als Vorbild für die eigene Klassik setzt. Keine andere deutsche geistesgeschichtliche Epoche hat derart den Rückgriff auf eine vergangene Zeit in den Vordergrund gestellt, in der sie ihre geistig-kulturellen Grundlagen findet. Herder bringt es auf den Punkt: „Mit den Alten haben wir empfangen, was allein den Geschmack sichert, Verhältnis, Regel, Richtmaas, Form der Gestalten im weiten Reich der Natur und Kunst, ja der gesamten Menschheit.“[138] Dieses Selbstverständnis bezieht sich auch auf die bürgerliche Emanzipation und Selbstwahrnehmung im späten 18. Jahrhundert, die gleichwohl immer auch im Zusammenhang stehen mit den politischen Kämpfen im Zuge der Französischen Revolution.

Hierbei kommt auch Winckelmanns Vorbildfunktion für die deutschen Klassiker zum Vorschein. Ohne Winckelmann ist die umfassende Kunsttheorie und -philosophie der Klassik nicht möglich und denkbar. Dies bezieht sich natürlich vorrangig auf die *Geschichte der Kunst des Alterthums* und die *Gedancken über die Nachahmung der Griechischen Wercke in der*

---

[136] Ueding, Gert: *Klassik und Romantik. Deutsche Literatur im Zeitalter der Französischen Revolution 1789—1815.* München2 2008, S. 67

[137] Ebd.

[138] Voßkamp, *Theorie der Klassik*, S. 14f.

Mahlerey und Bildhauer-Kunst. Darin legt Winckelmann seine antikenbezogene Kunst- und Ästhetiktheorie dar und ebnet durch seine Kernaussagen, dass alles Schöne und Gute von den Griechen stamme und dass die Nachahmung und Würdigung dieser Leistungen den Weg in die Vollkommenheit darstellen, den neuklassischen Vorstellungen die Bahn. Die Kunstschönheit als eine Art von Wahrheit im Sinne der intellektuellen Schönheit, die vor allem in der Idealisierung natürlicher Gegenstände stattfindet, ist den antiken griechischen Künstlern zu verdanken. Jeder Künstler sei damit in die Pflicht genommen, die Wirklichkeit nach vernünftigen Begriffen zu überhöhen und eine Makellosigkeit zu gestalten, der in der Lebenswirklichkeit nichts gleichkomme.[139] Die Klassiker nehmen die Idealisierung der antiken Kunst auf, die sich durch eine große Rationalität auszeichnet und aus dem Verstand heraus entsteht; denn die Schönheit wird in Winckelmanns Vorstellung durch den Verstand erkannt und begriffen, sodass die Schönheit auch mit der Moral verbunden ist, die wiederum auf der Universalität des von den Griechen herrührenden guten Geschmacks basiert. Das passt zur Betonung der Weimarer Klassik einer „ästhetischen Ganzheitlichkeit“ [140]. Nach Meier braucht das Schöne nicht dadurch gut zu sein, dass es ethisch belehrt, sondern könne seine Beziehung zur Sittlichkeit auch durch die Übereinstimmung der ästhetischen Harmonie und der Selbstlosigkeit einer guten Tat zeigen.[141]

Schönheit ist ein positiv besetzter ‚Kampfbegriff‘, der von Winckelmann aus den Bogen in die Weimarer Klassik spannt. Winckelmanns großes Verdienst ist es daher, die Rezeption

[139] Vgl. Meier, *Klassik – Romantik*, S. 123
[140] Ebd., S. 118
[141] Vgl. ebd.

der griechischen Antike aus dem Feld der antiquarischen Buchgelehrsamkeit hin zu einer sinnlich-erotischen Rezeption antiker Kunst hinausgeführt zu haben, die die Schönheit in den Vordergrund rückt: In Anlehnung an das antike Kunstideal wird in der Klassik nun nach Vollkommenheit, Harmonie, Humanität und der Übereinstimmung von Inhalt und Form gesucht. Es ist demnach auch Winckelmann, der – mindestens mittelbar, aber vermutlich eher unmittelbar – die weitere theoretische Fundamentierung der Weimarer Klassik fördert. So äußert sich Wilhelm von Humbold beispielsweise zur Aufgabe des Künstlers:

> „Des Künstlers einziger Zwek ist Schönheit. Schönheit ist das allgemeine, nothwendige, reine Wohlgefallen an einem Gegenstand ohne Begriff. Ein Wohlgefallen, das nicht durch Überzeugung erzwungen werden kann und doch abgenöthigt sein soll, das allgemein sein muss, und dessen Gegenstand nicht durch den Begriff reizt, muss sich nothwendig auf die ganze Seelenstimmung des Empfindenden in ihrer grössten Individualität beziehen, wie auch schon die unendliche Verschiedenheit in Geschmacksurtheilen zeigt. Wer es also hervorbringen will, muss sein Wesen mit den feinsten und verschiedenartigsten Wesen gleichsam identificirt haben, und wie ist diess ohne tiefes und anhaltendes Studium möglich?“[142]

Das ist natürlich ganz nah an Winckelmann, sowohl beim Verständnis der Schönheit als auch bei deren Herleitung aus der beständigen Einübung durch das Studium und der Nachahmung. Dies führt zur Identifikation mit dem Gegenstand

[142] Humboldt, Wilhelm von: „Über das Studium des Alterthums, und des Griechischen insbesondere“, in: Voßkamp, *Theorie der Klassik*, S. 70

und dadurch zur Kunst und Schönheit an sich, was wiederum zu Wohlgefallen führt. Humboldt und Winckelmann prägen das gleiche Verständnis.
Auch in Goethes Kunsttheorie findet Winckelmann großen Anklang (über die literarische Umsetzung soll später noch ausführlich zu sprechen sein). Goethe bewundert ein Leben lang die griechische Antike und sieht sie groß im Geiste wie in der körperlichen Gestalt. Das Griechentum ist ihm gleichbedeutend mit Menschsein, und die Kunst der Griechen ist in seinen Augen geprägt von großer Wirklichkeitsnähe – genauso wie Winckelmann die Kunst der Alten wahrgenommen hat. Goethe hat die Werke Winckelmanns natürlich auch gelesen, und in seiner legendär gewordenen *Italienischen Reise* hat sich der damals schon hochberühmte Dichter näher mit dem Gelehrten auseinandergesetzt. So berichtet Goethe am 13. Dezember aus Rom:

> „Heute früh fielen mir Winckelmanns Briefe, die er aus Italien schrieb, in die Hand. Mit welcher Rührung hab‘ ich sie zu lesen angefangen! Vor einunddreißig Jahren, in derselben Jahreszeit kam er, ein noch ärmerer Narr als ich, hier her, ihm war es auch so deutsch Ernst um das Gründliche und Sichere der Altertümer und der Kunst. Wie brav und gut arbeitete er sich durch! Und was ist mir nun aber auch das Andenken dieses Mannes auf diesem Platze! Außer den Gegenständen der Natur, die in allen ihren Teilen wahr und konsequent ist, spricht doch nichts so laut als die Spur eines guten, verständigen Mannes, als die echte Kunst, die ebenso folgerecht ist als jene. Hier in Rom kann man das recht fühlen, wo so manche Willkürlichkeit gewütet hat, wo so mancher Unsinn durch Macht und

Geld verewigt worden."[143]

Und am 13. Januar schreibt er, ebenfalls aus der Ewigen Stadt:

> „Wieviel tat Winckelmann nicht, und wieviel ließ er uns zu wünschen übrig! Mit den Materialien, die er sich zueignete, hatte er so geschwind gebaut, um unter Dach zu kommen. Lebte er noch, und er könnte noch frisch und gesund sein, so wäre er der erste, der uns eine Umarbeitung seines Werks gäbe. Was hätte er nicht noch beobachtet, was berichtigt, was benutzt, das von andern nach seinen Grundsätzen getan und beobachtet, neuerdings ausgegraben und entdeckt worden. Und dann wäre der Kardinal Albani tot, dem zuliebe er manches geschrieben und vielleicht manches verschwiegen hat."[144]

Ein besonders wichtiger Brief entsteht am 28. Januar 1787. Darin wird dargelegt, wie Goethes Erfahrungen von Winckelmanns Ideen geformt wurden:

> „Durch Winckelmann sind wir dringend aufgeregt, die Epochen zu sondern, den verschiedenen Stil zu erkennen, dessen sich die Völker bedienten, den sie in Folge der Zeiten nach und nach ausgebildet und zuletzt wiederverbildet. Hievon überzeugte sich jeder wahre Kunstfreund. Anerkennen tun wir alle die Richtigkeit und das Gewicht der Forderung."[145]

---

143 Goethe, *Italienische Reise*, S. 160
144 Goethe, *Italienische Reise*, S. 172
145 Ebd., S. 180

Die brieflichen Äußerungen sprechen für sich. Goethe hat sich auf einer Italienfahrt, die natürlich vorrangig der Erforschung des antiken Erbes dient, stark von Winckelmann inspirieren lassen. Er entdeckt in den Altertümern die echte Kunst und lernt, unterschiedliche Kunstströmungen und Ästhetiken voneinander abzugrenzen. Goethe formuliert seine Betrachtungen, um ein besseres Verständnis für die Antike zu entwickeln und damit Winckelmann eng nachzufolgen. Bewundernd attestiert er dem Gelehrten die Fähigkeit, sich selbst auf Basis neuer Entdeckungen des griechischen Altertums zu verbessern und sein Werk weiterzuentwickeln.

Nicht direkt aus Goethes Feder, aber zumindest mit seiner ausdrücklichen Empfehlung erscheint 1797 im Zehnten Stück von Schillers Zeitschrift *Die Horen* ein Beitrag zur Skulpturengruppe „Laokoon" des Kunsthistorikers und Altertumsforschers Aloys Ludwig Hirt. Dieser Aufsatz weicht von der von Winckelmann gesetzten Prämisse ab, das stille Leiden des Priesters sei ein Zeichen für die hohe Gesinnung und die Ruhe und Schönheit der Seele. Inka Mülder-Bach bezeichnet die Haltung Hirts als „Pathologie eines Erstickungstodes"[146], wenn der Forscher schreibt:

> „Laokoon schreiet nicht, weil er nicht mehr schreien kann. Der Streit mit den Ungeheuern beginnt nicht, er endet: kein Seufzen erpreßt sich aus der Brust, es ist der erstickende Schmerz, der die Lippen des Mundes umzieht, und der letzte Lebenshauch scheint darauf fortzuschweben. Das Krampfartige, die höchste Spannung, die wüthendsten Zukungen zeigen sich allen Gliedern."[147]

[146] Mülder-Bach, Inka: „Sichtbarkeit und Lesbarkeit Goethes Aufsatz *Über Laokoon*", in: *Goethezeitportal*, Zugriff am 7. Januar 2021 unter http://www.goethezeitportal.de/db/wiss/goethe/laokoon_muelder-bach.pdf, S. 2

[147] Ebd.

Damit vertritt Hirt generell gesprochen die These, dass es gerade nicht die Schönheit ist, die die Kunst der Antike geprägt hatte. Das oberste Gesetz der Kunst der Alten sei vielmehr gewesen, die „bestimmte übereinkommende Individuellheit" der Form, der Bewegung und des Ausdrucks des jeweiligen Gegenstands herauszustellen.[148]

> „Anders als das seit Winckelmann kanonische Vergleichsbeispiel des Apoll im Belvedere, den die „Phantasie" erzeugt habe, sei Laokoon ein „Produkt der Überlegung und des kalkulierenden Verstandes", dessen Auffassung „vieljährige Erfahrung" im Umgang mit antiken Kunstwerken verlange. Wer durch diese Schulung den „Blick" geübt und sich zum Kenner gebildet habe, werde in der Skulptur weder Seelengröße noch Rebellentum, weder ein sublimiertes Seufzen noch ein unverstelltes Schreien erkennen."
> [149]

Vielmehr charakterisiere Aloys Ludwig Hirt die Laokoon-Gruppe als Ausdruck der gesammelten Weisheit der „Anatomen", „Aerzte" und „Lehrer der gymnastischen Uebungen"[150] – und damit eben als Formgebung eines (zumindest möglichen) realen Ereignisses, nämlich einer massiven Vergiftung durch die Schlange:

> „Das Geblüt, welches mit voller Empörung gegen die äußern Theile dringt, und alle Gefässe schwellen machet, stoket den Umlauf, und verhindert das Einathmen der Luft: die Lunge, durch die Häufung und gedrängte Circu-

[148] Vgl. ebd., S. 1
[149] Alle Zitate Mülder-Bach, „Sichtbarkeit und Lesbarkeit", S. 1
[150] Vgl. ebd., S. 2

lation des Blutes wird im- mer gedehnter; das äzende Gift von dem Bisse der Schlange hilft die heftige Gährung beschleunigen; eine erstikende Pressung betäubt das Gehirn, und ein Schlagfluß scheinet den Tod plötzlich zu bewirken."[151]

Für Mülder-Bach resultiert diese Weiterentwicklung der von Winckelmann geprägten Gedanken aus Goethes Versuch, sich gegen die sich zu dieser Zeit gerade formierenden Frühromantiker zu wenden, „das Schöne der Griechen von allem Charakteristischen zu befreien und dieses zum Merkzeichen des Modernen zu machen". Daher versucht Goethe eine Beleuchtung der „griechischen Kunstwerke von seiten des Charakteristischen" her.[152]
In seinem Aufsatz *Über Laookon* bezieht sich Goethe denn auch vorrangig auf die Bewegung der Figurengruppe, indem die Stellung des Vaters aus physischer Ursache erklärt werden soll. Für Goethe ist besonders wichtig, was im Moment der bildhauerischen Darstellung passiert: Hat die Schlange schon gebissen oder beißt sie genau in dem Augenblick?

„Um die Stellung des Vaters sowohl im ganzen als nach allen Teilen des Körpers zu erklären, scheint es mir am vorteilhaftesten, das augenblickliche Gefühl der Wunde als die Hauptursache der ganzen Bewegung anzugeben. Die Schlange hat nicht gebissen, sondern sie beißt, und zwar in den weichen Teil des Körpers, über und etwas hinter der Hüfte. [...] Die Schlange bringt dem unglücklichen Manne eine Wunde an dem Teile bei, wo der Mensch gegen jeden Reiz sehr empfindlich ist, wo sogar ein geringer

[151] Ebd.
[152] Vgl. ebd., S. 2

> Kitzel jene Bewegung hervorbringt, welche wir hier durch die Wunde bewirkt sehen: der Körper flieht auf die entgegengesetzte Seite, der Leib zieht sich ein, die Schulter drängt sich herunter, die Brust tritt hervor, der Kopf senkt sich nach der berührten Seite; da sich nun noch in den Füßen, die gefesselt, und in den Armen, die ringend sind, der Überrest der vorhergehenden Situation oder Handlung zeigt, so entsteht eine Zusammenwirkung von Streben und Fliehen, von Wirken und Leiden, von Anstrengen und Nachgeben, die vielleicht unter keiner andern Bedingung möglich wäre. Man verliert sich in Erstaunen über die Weisheit der Künstler, wenn man versucht, den Biß an einer andern Stelle anzubringen, die ganze Gebärde würde verändert sein, und auf keine Weise ist sie schicklicher denklich."[153]

Dazu heißt es in der Forschung:

> „Der physiognomische Ausdruck bleibt [...] eines der zentralen Kriterien für die Bestimmung des dargestellten Moments. Doch vermischt sich seine ästhetische Erklärung in zunehmenden Maß mit physiologischen und anatomischen Argumenten. Was Winckelmann und Lessing als Gegensatz und Spannung zwischen heftigem körperlichen und moderiertem physiognomischen Ausdruck beschrieben, verwandelt sich dabei allmählich in ein Kausalverhältnis."[154]

Durch den Reiz des Schlangenbisses verändert sich die Bewe-

---

[153] Goethe, Johann Wolfgang: „Über Laokoon", in: *Textlog.de*, Zugriff am 7. Januar 2021 unter https://www.textlog.de/41482.html

[154] Mülder-Bach, „Sichtbarkeit und Lesbarkeit", S. 6

gung Laokoons, der kurz zuvor noch versucht, sich aus den Umwindungen der Schlange zu befreien. Der Priester zeigt in seiner veränderten Bewegung die unmittelbare physische Reaktion auf den schmerzlichen Reiz des Bisses:

> „Es ist also dieses ein Hauptsatz: der Künstler hat uns eine sinnliche Wirkung dargestellt, er zeigt uns auch die sinnliche Ursache. Der Punkt des Bisses, ich wiederhole es, bestimmt die gegenwärtigen Bewegungen der Glieder: das Fliehen des Unterkörpers, das Einziehen des Leibes, das Hervorstreben der Brust, das Niederzucken der Achsel und des Hauptes, ja alle die Züge des Angesichts seh ich durch diesen augenblicklichen, schmerzlichen, unerwarteten Reiz entschieden."[155]

Goethe hat großes Interesse an der geistigen Schönheit und dem tiefen Sinn des Künstlers, den höchsten darzustellenden Moment zu finden; dies hatte auch Winckelmann ausgeführt. Goethe geht aber deutlich weiter und befasst sich mit der menschlichen Natur und dem menschlichen Körper, der im Sinne des großen Kunstwerks in seinen Teilen, Abmessungen, Formen und Bewegungen im Allgemeinen gezeigt werden muss. Von Seelengröße oder anderen intrinsischen Faktoren und Merkmalen, auf die Winckelmann noch in der Hauptsache abstellt, ist nicht mehr die Rede. Der Dichter tendiert bereits in eine naturwissenschaftliche Richtung und nimmt diese nicht ausschließlich kultur- und kunsthistorisch orientierte Position durch seine physiologisch und physiognomisch akzentuierte Argumentation ein. Diese Darstellungsweise ist Teil und Ausdruck großer Kunst, und erst durch diese genaue Gestaltung kann etwas wirklich Nachhaltiges entstehen:

[155] Goethe, „Über Laokoon"

> „Genug, wir dürfen kühnlich behaupten, daß dieses Kunstwerk seinen Gegenstand erschöpfe und alle Kunstbedingungen glücklich erfülle. Es lehrt uns: daß, wenn der Meister sein Schönheitsgefühl ruhigen und einfachen Gegenständen einflößen kann, sich doch eigentlich dasselbe in seiner höchsten Energie und Würde zeige, wenn es bei Bildung mannigfaltiger Charaktere seine Kraft beweist und die leidenschaftlichen Ausbrüche der menschlichen Natur in der Kunstnachahmung zu mäßigen und zu bändigen versteht.“[156]

Es bleibt dabei: Ohne Winckelmann ist die umfassende Kunsttheorie und -philosophie der Klassik nicht möglich und denkbar. Der deutsche Gelehrte hat eine große Vorbildfunktion und ist Katalysator für das theoretische Ausrollen der Weimarer Klassik im Hinblick auf die Antikenrezeption. Winckelmanns Bild der römischen und griechischen Antike beeinflusste wesentlich den Geist des deutschen Klassizismus und lässt zugleich Raum zur kontinuierlichen Weiterentwicklung. Gerade Goethe erweitert das gedankliche Spektrum Winckelmanns und führt dessen vorklassizistisches Gedankengut auf eine neue Ebene: Die seelische Größe und innerliche Ruhe, die für Winckelmann Hauptausdruck der antiken Kunst ist, wird bei Goethe erweitert um den Aspekt, dass die „leidenschaftlichen Ausbrüche der menschlichen Natur“[157] in der Kunst eine Betrachtung und Darstellung auf naturwissenschaftlicher Grundlage benötigen. So kann die menschliche Natur in der Kunst noch genauer transportiert werden.

---

[156] Goethe, „Über Laokoon“
[157] Ebd.

IV.II Goethes Schauspiel **Iphigenie auf Tauris** *und die theoretische Schrift* **Winckelmann und sein Jahrhundert**

Es ist wohl kein Zufall, dass Goethes berühmtes Stück *Iphigenie auf Tauris* 1779 zunächst als Prosafassung und dann ab 1786, unter dem Eindruck der Italienreise und der damit wirklich beginnenden Weimarer Klassik als Versdrama entsteht. Den Titel wählte Goethe in falscher Analogie zur latinisierten Version des Titels der Tragödie *Iphigenia in Taurīs* des Euripides. Zu der Zeit schließt Goethe übrigens auch den *Egmont* ab; beide Dramen haben Goethe fast während des ganzen ersten Weimarer Jahrzehnts beschäftigt.

Vor allem die *Iphigenie auf Tauris* ist ein rollentypisches Drama der Klassik. Goethe führt uns in seinem gräzisierenden Schauspiel in die griechische Antike; in die Zeit also, die für die Klassiker der einzig gültige Maßstab ist. Spätestens mit Goethes Schauspiel wird deutlich, dass Klassik und Antikenrezeption unbedingt und untrennbar zusammengehören. Hintergrund ist die antike Sage rund um die Tantaliden, die von (innerfamiliärem) Mord und Totschlag gekennzeichnet ist. Mit Tantaliden (auch Atriden) bezeichnet man in der griechischen Mythologie die Familie des Tantalus (bzw. auch Atreus), zu der vor allem Agamemnon, Iphigenie und Orestes gehören. Der Halbgott Tantalus war einst bei den Göttern wegen seiner Klugheit beliebt. Er wurde jedoch übermütig, prahlte und stahl den Göttern Nektar und Ambrosia, ihre Mittel zur Unsterblichkeit. Später setzte Tantalus den Göttern seinen eigenen Sohn, Pelops, als Mahl vor, um ihre Allwissenheit auf die Probe zu stellen. Die Götter bemerkten den Betrug jedoch, verstießen Tantalus aus ihrer Gemeinschaft in den Tartaros (Teil der Unterwelt, der in der tiefsten Region des Hades liegt) zu ewiger Qual und verfluchten seine Familie. Der Fluch der Atriden bezeichnet die Prophezeiung der Götter, dass sich in jeder Generation ein Mörder gegen die Sippe wenden und bis zur fünften Generation alle Nachkommen des Tantalos in eine unheilvolle Folge von Gewalt und Verbrechen stürzen werde.

So sollte beispielsweise Agamemnon (Herrscher von Mykene und der Anführer der Griechen im Trojanischen Krieg) der Göttin Diana seine älteste Tochter Iphigenie opfern, um die von der Göttin bewirkte Windstille zu überwinden, die ihn an der Seefahrt von Aulis zum Krieg gegen Troja hinderte. Die Göttin Diana aber entführt Iphigenie auf die Insel Tauris und macht sie zu ihrer Priesterin. Im Glauben, Iphigenie sei tatsächlich tot, ermordet deren Mutter Klytämnestra mit Hilfe ihres Liebhabers Ägisth ihren Ehemann Agamemnon, der ihr gemeinsames Kind augenscheinlich hatte töten lassen. Die verbliebenen Geschwister Iphigenies, Orest und Elektra, hegten wegen des Mordes an ihrem Vater wiederum einen Groll gegen die Mutter, sodass Orest seine Mutter mit Elektras Hilfe ermordet – der Fluch vollzieht sich ein weiteres Mal. Orest flüchtet vor dem drohenden Schicksal, nun selbst der Rache anheimzufallen und wegen seiner Untat getötet zu werden. Das Orakel des Apollon schickt ihn nach Tauris, von wo er „die Schwester" holen solle: Dies sei die einzige Möglichkeit, den Fluch zu lösen. Da Orest seine Schwester Iphigenie für tot hält, glaubt er, es würde von Apollons Zwillingsschwester, der Göttin Diana, sprechen. Deren Statue will er deshalb aus dem taurischen Tempel rauben. So landet er auf seiner Flucht zusammen mit seinem alten Freund Pylades an der Küste von Tauris.

Vor diesem Hintergrund ist das Schauspiel angesiedelt und damit also einige Jahre nach dem Krieg um Troja auf Tauris (das mit Insel Krim gleichgesetzt wird) im Hain vor dem

Tempel der Diana, Göttin des Mondes und der Jagd, lokalisiert. Die Griechin Iphigenie, Tochter des Agamemnon und der Klytamnestra, dient der Göttin Diana auf der Insel Tauris als Priesterin, nachdem diese sie vor dem Tod gerettet hat. Iphigenie empfindet Dankbarkeit und Pflichtgefühl gegenüber der Göttin und den Taurern, zugleich verzehrt sie sich aber vor Sehnsucht nach der Heimat und nach ihrer Familie. Thoas, der König der Taurer, wirbt derweil um Iphigenie. Er hat auf ihr Bitten hin sogar den Kult des Menschenopfers abgeschafften. Die Heldin des Stücks lehnt seine Werben jedoch ab, denn die Hochzeit würde sie auf immer an Tauris binden. Iphigenie begründet ihr Nein mit ihrer Sehnsucht nach Griechenland und müht sich darüber hinaus, andere stichhaltige Gründe anzuführen, so den, dass auf ihrer Familie ein Fluch laste. Dieser verurteile die Nachkommen des Tantalus, einander umzubringen, wofür sie zahlreiche Beispiele aufführt. Sogar ihre Rolle als Priesterin stellt sie heraus, um sich dem König versagen zu können: „Ich bin es selbst, bin Iphigenie, / Des Atreus Enkel, Agamemnons Tochter, / Der Göttin Eigentum, die mit dir spricht. […] Wie darf ich solchen Schritt, o König, wagen? / Hat nicht die Göttin, die mich rettete, / Allein das Recht auf mein geweihtes Leben?“[158] (Vv. 430—432; Vv. 437—439)

Die Soldaten des Thoas entdecken Orest und den Vetter Pylades am Ufer der Insel. Da Iphigenie sich ihm verweigert, will der König nun den ihr zuliebe abgeschafften Kult des Menschenopfers wieder einführen. Dieser besagt, dass Fremde, die die Insel betreten, der Göttin Diana geopfert werden. Für die Ausführung ist Iphigenie als Priesterin zuständig. Orest und

---

[158] Goethe, Johann Wolfgang: *Iphigenie auf Tauris. Ein Schauspiel.* Anmerkungen von Joachim Angst und Fritz Hackert. Um Anmerkungen ergänzte Ausgabe. Stuttgart 1993

Pylades werden deshalb zu ihr gebracht. Nach allerlei Versteckspiel erfährt sie so die Identität der Gefangenen, von der Fortsetzung des Familienfluchs und von der Verfolgung ihres Bruders durch die Furien als Vaterrächer und Muttermörder. Iphigenie erkundigt sich auch über das Schicksal der Griechen beim Trojanischen Krieg und Pylades berichtet ihr den Fall Trojas und den Untergang vieler griechischer Helden. Später betet sie zu den Göttern für die Rettung ihres Bruders. Ihr Gebet wird erhört: Die Furien weichen von Orest, und mit neu erwachtem Tatendrang bereitet er mit Pylades die heimliche Flucht von Tauris nach Griechenland vor. Iphigenie soll sie begleiten. Dieser Plan versetzt Iphigenie in ein anscheinend unlösbares Dilemma: Eine Flucht ließe sich realisieren, aber es fällt ihr schwer, den König zu hintergehen. Sie klagt gegenüber Pylades: „O laß mich zaudern! denn du tätest selbst / Ein solches Unrecht keinem Mann gelassen, / Dem du für Wohltat dich verpflichtet hieltest.“[159] (Vv. 1669ff.) Der Konflikt schwelt in Iphigenie. Sie will die Flucht nicht vereiteln. Andererseits ist sie sich der Verantwortung für die Menschen auf Tauris bewusst und will diese nicht täuschen. Zugleich wünscht sie sich den Segen der Götter für das Geschlecht des Tantalus. Sie spürt, dass ihm dieser nicht zuteilwerden wird, wenn ihr eigenes Handeln auf Lug und Betrug aufbaut, wie sie in ihrem berühmten Monolog deutlich macht:

> „Ich muß ihm folgen: denn die Meinigen / Seh in dringender Gefahr. Doch ach! / Mein eigen Schicksal macht mir bang und bänger. / O soll ich nicht die stille Hoffnung retten, / Die in der Einsamkeit ich schön genährt? / Soll dieser Fluch denn ewig walten? Soll / Nie dies Ge-

[159] Goethe, *Iphigenie auf Tauris*

schlecht mit einem neuen Segen / Sich wieder heben?“[160] (Vv. 1689—1696)

Im sich dem Monolog anschließenden Lied der Parzen (Vv. 1726ff.) erinnert Iphigenie an die gnadenlose Rache der Götter, dichtet allerdings noch eine Strophe dazu, mit der sie andeuten könnte, dass sie dem Parzenlied nicht zustimmt. Das Parzenlied[161] beschreibt das Verhältnis der Menschen zu den Göttern aus Sicht der Parzen. Sie gelten als die „Götter“ des Schicksals und treten immer zu dritt auf. Die Parzen sind in der römischen Mythologie die drei Schicksalsgöttinnen, die den drei Moiren der griechischen Mythologie entsprechen. Mit diesem Lied, das ihr wie eine Warnung in den Sinn kommt, bestärkt Iphigenie sich darin, an der Ehrfurcht vor den Göttern und damit an ihrem Ideal des reinen Lebens festzuhalten, das so ganz im Widerspruch zum blutigen Familienfluch steht.
Auf der anderen Seite weist Iphigenie hier auch – im Angesicht des Zustands der inneren Zerrissenheit, in dem sie sich auf der von ihr erwarteten doppelten Loyalität befindet – einen zunehmend götterkritischen Wesenszug auf:

> „Iphigenie wähnt sich lange in gänzlichem Einvernehmen mit den Göttern, glaubt, daß diese ihre Familie, ihren Vater Agamemnon, ihre Mutter und Geschwister ebenso glücklich bewahrt haben, wie Diana sie selber gerettet hat. Zug um Zug wird indessen dieser optimistische Glaube zunichte gemacht. Sie muß durch ihren – aufgrund eines zweideutigen Orakels nach Tauris gelangten – Bruder

---

[160] Ebd.

[161] „Es fürchte die Götter / Das Menschengeschlecht! / Sie halten die Herrschaft / In ewigen Händen, / Und können sie brauchen, / Wie's ihnen gefällt“1 (VV. 1726—1731).

> Orest erfahren, da der geliebte Vater durch die eigene Gattin ermordet, diese von ihrem Sohn erschlagen worden ist – ganz im Stile ihrer Vorfahren, der meuchelmörderischen Tantaliden."[162]

Darüber hinaus will Pylades, der Freund ihres Bruders Orest, von ihr, sie zur Lüge vor König Thoas zwingen, sodass die Griechen das Kultbild der Diana stehlen können. Mit dem Raub des Kultbilds soll Iphingenies Bruder vor den Erinnyen, den Rächerinnen des Muttermords, geschützt und vom Wahnsinn geheilt werden. Dies zieht Iphigenie ohne eigenes Verschulden in die Verbrechen ihrer Vorfahren hinein, sodass ihr „Zweifel am sinnvollen Walten der Götter [erwachen]. In dieser Situation am Ende des vierten Aufzugs singt sie das dunkel-aufrührerische ‚Lied der Parzen' nach dem Sturz ihres Ahnherrn Tantalus."[163]
Da Iphigenie als idealer Mensch auf der Basis herausragender Werte wie Frömmigkeit, Verantwortungsbewusstsein und Redlichkeit denkt und handelt, kann sie nicht anders, als sich an Thoas zu wenden, ihm wahrheitsgemäß den Fluchtplan zu eröffnen. Sie gesteht ihm also den Betrug und bittet ihn um freies Geleit für sich, ihren Bruder und den Gefährten. Zunächst sehr erbost, trachtet Thoas Orest und Pylades nach dem Leben, dann richtet sich sein Zorn jedoch auf sich selbst, da er ihr Handeln auf seine Einwirkung zurückführt. Durch den Beweis der Geschwisterschaft wird sein Zorn weiter gemildert und Iphigenie bestärkt ihn deutlich zu humanem Handeln, indem sie alle Seite zu sittlichem Verhalten, Mildtätigkeit und Friedfertigkeit aufruft. So ruft sie dem bewaffne-

---

[162] Artikel „Iphigenie auf Tauris oder die Humanisierung des Mythos", in: *Goethezeitportal*, Zugriff am 16. Januar 2021 unter http://www.goethezeitportal.de/wissen/dichtung/schnellkurs-goethe/klassische-dramatik.html
[163] Ebd.

ten und zum Blutvergießen bereiten Bruder und taurischen König entgegen:

> „Entheiliget Der Göttin Wohnung nicht durch Wut und Mord. / Gebietet eurem Volke Stillstand, höret / Die Priesterin, die Schwester. [...] Verehr in ihm Den König, der mein zweiter Vater ward! / Verzeih mir, Bruder! doch mein kindlich Herz / Hat unser ganz Geschick in seine Hand / Gelegt. Gestanden hab ich euern Anschlag / Und meine Seele vom Verrat gerettet."[164] (Vv. 1999—2002; Vv. 2004—2008)

Dieser Akt des Selbstschutzes, um sich dem Tantalidenfluch entgegenzustellen, löst den vielleicht größten Akt des Humanismus aus, den die deutsche Literatur anhin gesehen hat. Es ist das Exempel für die Humanisierung des Mythos und die Umsetzung des großen Humanitätsideals in der Dichtung: Die Männer um sie herum würden nur zu gerne zu den Waffen greifen und die Waffengewalt entscheiden lassen, aber Iphigenie überzeugt sie vom Gegenteil. Orest, der von Rachsucht getriebene, mächtige Grieche, erkennt seinen Irrtum im Orakel, die Statue rauben zu müssen, und trägt Thoas Entschuldung und Frieden an („Laß deine Seele sich zum Frieden wenden"[165] (V. 2135)), während er seine Schwester in den höchsten, bis dahin nicht gehörten Tönen für ihre Humanität und ihren Willen zur Versöhnung und Verständigung preist (und zugleich eine Geschlechterdebatte eröffnet) und Thoas – dem Barbaren, den Orest zuvor erschlagen wollte – eine edle Gesinnung zuspricht: „Gewalt und List, der Männer höchster Ruhm, / Wird durch die Wahrheit dieser hohen Seele / Be-

[164] Goethe, *Iphigenie auf Tauris*
[165] Goethe, *Iphigenie auf Tauris*

schämt, und reines kindliches Vertrauen / Zu einem edeln Manne wird belohnt."[166] (Vv. 2142—2145). Schlussendlich wird der freie Abzug durch die hohe, edle Gesinnung des Königs bestätigt. Er lässt sie frei und das in gutem Willen, wie Iphigenie als letzten großen Akt der Humanität von ihm fordert: Ohne Segen und im Widerwillen wolle sie nicht gehen, und zum „Pfand der alten Freundschaft"[167] (V. 2173) erwartet sie den männlichen Handschlag. Thoas lässt sie mit den Worten „Lebt wohl!"[168] (V. 2174) ziehen.

Iphigenie auf Tauris spiegelt damit deutlich das Menschenideal der Weimarer Klassik wider; das Humanitätsideal wird mehr als in allen anderen Werken hervorgehoben: der sittliche Mensch, der konkrete politisch-soziale Konflikte allein durch seine Humanität löst, die dadurch existenzieller Bestandteil einer ethisch-religiösen fundierten Ordnung ist. Goethe sagt selbst, dass *Iphigenie auf Tauris* „ganz verteufelt human" sei. Aus diesem Wort spricht die Skepsis gegenüber der realen Chance der Wahrheit, sich in einer durch das Revolutionszeitalter tiefgreifend veränderten Welt durchzusetzen, und Goethe glaubt selbst nicht daran, dass die Kernaussage des Schauspiels für das Publikum ansprechend sei. Die menschliche Humanität der Iphigenie ist für das gewaltfreie Ende verantwortlich. Durch ihre Aufrichtigkeit und Tugendhaftigkeit gegenüber Thoas entscheidet dieser sich für ein gewaltfreies Handeln und lässt Iphigenie mit ihren Verwandten ziehen. Thoas' große Humanität wird auch dadurch deutlich, dass er als Skythe (also als ‚Barbar') „sittlicher handelt als die Griechen": „Voll und ganz im Sinne kantianischer Gesetzesstrenge handelt nur Thoas, der uneigennützig entsagt, während sich

---

[166] Ebd.
[167] Ebd.
[168] Ebd.

den Atriden jeder Wunsch erfüllt."[169] Friedrich Schiller hat dies erkannt und deutlich herausgestellt: „So ist es eine vorzügliche Schönheit der deutschen Iphigenia, daß der taurische König, der einzige, der den Wünschen Orests und seiner Schwester im Wege steht, nie unsre Achtung verliert und uns zuletzt noch Liebe abnötigt."[170]

Winckelmanns großes Stilideal der klassischen Dämpfung spricht an vielen Stellen aus dem Drama. Iphigenie ist ohnehin ein großes Beispiel für die Größe der griechischen Seele, aber vor allem auch Thoas ist ein glänzender Ausweis für Winckelmanns aus der Laookon-Gruppe abgeleitete Lesart der edlen Einfalt und stillen Größe. Wer, wenn nicht Thoas zeigt diese edle Einfalt und stille Größe in Worten und Taten? Er, der am meisten unter Iphigenies Ablehnung und Weggang zu leiden hat; er, der versuchtem Betrug, Mord und Totschlag durch die verfluchte Sippe der Atriden ausgesetzt ist; er, dessen Heiligtum geraubt werden soll: Er ist der humanste, edelste Charakter von allen, der alles, was man ihm antut, mit einer großen Seelen- und Gemütsruhe erträgt. Das beginnt damit, dass er trotz Iphigenies Verweigerung der Hochzeit den uralten Brauch des Menschenopfers abschafft und endet eben damit, dass er die Priesterin, ihren Bruder und Vetter in Frieden ziehen lässt, versehen mit Segenswunsch und Handschlag, ohne Groll. Zwar leidet Thoas keinen physischen Todeskampf; in seinem Inneren muss es jedoch brodeln bei alledem, was ihm angetan wird. Er bleibt aber ein durch Iphigenies großen Einfluss bekehrter sittlicher Charakter, der über dem Leiden steht und sich von Seelenschmerz nicht Würde und menschliches Ethos nehmen lässt. Wir finden den Lao-

---

169 Meier, *Klassik – Romantik*, S. 255

170 Schiller, Friedrich: *Vom Pathetischen und Erhabenen. Schriften zur Dramentheorie.* Herausgegeben von Klaus L. Berghahn. Bibliographisch ergänzte Ausgabe. Stuttgart 1993, S. 38

koon in seinem Todeskampf, vergiftet von den ekelerregenden Schlangen zur Besiegelung des Schicksals Trojas, in der Gestalt des Thoas wieder, der still erträgt, was ihm widerfährt. Vielleicht ist er in seiner sittlich-ertragenden Selbstlosigkeit sogar die größere Gestalt als Iphigenie, die von den Wünschen der Familie und dem Verlangen, den Fluch der Atriden zu besiegen, angetrieben ist und daher die Humanität des Thoas vor allem auch um ihrer selbst willen anruft. Ganz im Gegenteil dazu Thoas: Er nimmt das Leiden auf sich, um Humanität anderen gegenüber walten zu lassen. Er hinterfragt und beklagt sein Schicksal nicht laut, sondern stellt sich selbst und seine Wünsche und Bedürfnisse hinter die anderen zurück. Er unterdrückt, was zutiefst menschlich wäre, um zu neuer Größe emporzusteigen; darin wird das Erbe des Winckelmannschen Laokoon lebendig. Er ist der wahre Vermittler und Träger von Humanität in Goethes Schauspiel und die Figur, die Winckelmanns Ideal am nächsten kommt, weil Iphigenies sittliche Idealität letztlich darunter leidet, dass sie Thoas und das Volk der Taurer leiden lässt, um den Griechen zu geben, was diese begehren. In der Literaturwissenschaft ist dieser Aspekt hinsichtlich der Bedeutung für Goethes klassizistische Poetik an sich gedeutet worden:

> „In dieser Umkehrung der Wert-Hierarchie, in der ein Barbar die Griechen übertrifft, kommt der eigentliche Neuansatz Goethes zum Tragen. Es ist nicht die exilierte Iphigenie, in deren Heimatsehnsucht sich die Griechenferne des sentimentalischen und daher graecophilen Dichters wiedererkennen würde. So wie die Handlung um Iphigenie auf der Differenz von Kulturvolk und Barbaren fußt, so spiegelt Goethe an diesem Stoff die eigene Distanz zur Antike und schreibt seinem ‚modernen‘ Werk die Klassik/

Romantik-Differenz ein, in deren Licht die Taurer den Griechen zwangsläufig mehr als nur ebenbürtig sind."[171]

Mit *Winckelmann und sein Jahrhundert* hat Goethe sich nach 1800 auch als Herausgeber betätigt und eine hervorragende Aufsatzsammlung zusammengestellt, die außer Winckelmanns Briefen an Berendis den Entwurf einer Kunstgeschichte des 18. Jahrhunderts umfasst. Zentral ist Goethes eigene Betrachtung über Winckelmanns Charakter und Leistungen, wodurch der deutsche Großdichter ein Vermächtnis für Winckelmann schaffen und über dessen „Denkweise und Zustände ein lebhafteres Licht verbreiten"[172] will. Dabei schreibt Goethe in weiten Teilen eine biographisch anmutende Skizze des deutschen Gelehrten, zeichnet dessen Weg vor allem in Rom nach und leitet daraus seine Wesensbeschreibungen an. Interessant sind Goethes eingestreute Wirkungen, beispielsweise zum gewaltsamen Tode Winckelmanns: Dieser sei auf dem Höhepunkt seines Lebens, auf

> „dem Gipfel des menschlichen Daseins zu den Seligen emporgestiegen, daß ein kurzer Schrecken, ein schneller Schmerz ihn von den Lebendigen hinweggenommen. Die Gebrechen des Alters, die Abnahme der Geisteskräfte hat er nicht empfunden, die Zerstreuung der Kunstschätze, die er, obgleich in einem andern Sinne, vorausgesagt, ist nicht vor seinen Augen geschehen, er hat als Mann gelebt und ist als ein vollständiger Mann von hinnen gegangen. Nun genießt er im Andenken der Nachwelt den Vorteil, als ein ewig Tüchtiger und Kräftiger zu erscheinen: denn in der Gestalt, wie der Mensch die Erde verläßt, wandelt

71 Meier, *Klassik – Romantik*, S. 255

72 Goethe, *Winkelmann und sein Jahrhundert*, S. 391

> er unter den Schatten, und so bleibt uns Achill als ewig strebender Jüngling gegenwärtig. Daß Winckelmann früh hinwegschied, kommt auch uns zugute. Von seinem Grabe her stärkt uns der Anhauch seiner Kraft und erregt in uns den lebhaftesten Drang, das, was er begonnen, mit Eifer und Liebe fort- und immer fortzusetzen."[173]

Das ist eine interessante Ansicht. Der Mord hat erst recht dafür gesorgt, dass Winckelmann nicht vergessen worden ist und nicht vergessen werden kann. Sein Andenken wird auf ewig positiv sein, weil eben kein Schatten dieses trügen kann. Winckelmann ist keine Zeit mehr geblieben, sein Andenken zu verdunkeln, und er musste auch bestimmte negative Entwicklungen nicht mehr miterleben. Wenn Goethe ihn mit dem griechischen Helden Achill gleichsetzt, erweist er Winckelmann damit größte Ehre. Nicht nur nähert er ihn damit seinem lebenslangen Idol Homer an, sondern ihm eignet dadurch auch größte heroische Relevanz. Achill (Achilleus) ist in der griechischen Mythologie ein beinahe unverwundbarer Heros der Griechen vor Troja und der Hauptheld der Ilias. Er ist der Sohn des Peleus, des Königs von Phthia in Thessalien, und der Meernymphe Thetis. Er konnte auf dem Höhepunkt seines Ruhms – dem Sieg über Hektor, dem größten Helden der Trojaner – nur durch einen vom Gott Apollon gelenkten Pfeil auf seine Schwachstelle, der Ferse, getötet werden.
Bei Goethe klingt es fast so, als hätten die Götter die Mörderhand geführt, um Winckelmann auf der Spitze von Ruhm und Ansehen so aus dem Leben zu reißen, dass es besungen werden könne wie das des Achilleus'. Bekanntlich zog dieser ein kurzes, aber ruhmreiches Leben einem langen, aber glanzlosen Leben vor. Winckelmann genoss seinen Ruhm auch für

[173] Goethe, *Winkelmann und sein Jahrhundert*, S. 439f.

eine vergleichsweise kurze Zeit: Zwölf Jahre lagen zwischen dem Erscheinen seiner *Gedancken* und dem Tod 1768. Das war ausreichend lange, um seine Rolle und Bedeutung zu zementieren.
Diesen poetischen Bezug führt Goethe auch in seiner Gedenkschrift aus. Im Kapitel „Poesie“ bezeichnet er Winckelmann – der eigentlich keine Neigung zur Poesie im Sinne der Dichtkunst hatte, sondern diese eher als Dokumente der alten Sprachen und Literaturen und als Zeugnisse für die für ihn relevante bildende Kunst der Griechen ansah – als Poet im Sinne der Beschreibungen der Statuen[174] (der angenehm beschreibende, stilistisch attraktive Charakter seiner *Geschichte des Althertums* wurde oben bereits benannt):

> „Er sieht mit den Augen, er faßt mit dem Sinn unaussprechliche Werke, und doch fühlt er den unwiderstehlichen Drang, mit Worten und Buchstaben ihnen beizukommen. Das vollendete Herrliche, die Idee, woraus diese Gestalt entsprang, das Gefühl, das in ihm beim Schauen erregt ward, soll dem Hörer, dem Leser mitgeteilt werden, und indem er nun die ganze Rüstkammer seiner Fähigkeiten mustert, sieht er sich genötigt, nach dem Kräftigsten und Würdigsten zu greifen, was ihm zu Gebote steht. Er muß Poet sein, er mag daran denken, er mag wollen oder nicht.“[175]

Was für ein Lob aus der Hand des großen Goethe. Der Dichterfürst, der sich selbst immer der nächste war, nennt Winckelmann aufgrund seiner Stilistik und schriftlichen Handwerkskunst einen „Muss-Poeten“ und erhebt ihn damit

[174] Goethe, *Winkelmann und sein Jahrhundert*, S. 427
[175] Ebd.

auf den literarischen Parnass in einer Zeit, in der es an glänzenden literarischen Talenten nun wirklich keinen Mangel gab. Ohne es dezidiert so zu beschreiben, rückt Goethe in seiner Beschreibung den Kunsthistoriker und Altertumsforscher Winckelmann auf eine Stufe zum herausragenden „Viergestirn" der Weimarer Klassik. Winckelmann erscheint in Goethes Erinnerung als Poet aus sich selbst heraus; er ist Dichter, ohne Dichter zu sein und ohne Dichter sein zu wollen. Er hat mit seiner ästhetischen Betrachtung der griechischen Kunst und dem Wandel vom Prunkvollen der französischen Klassik zum bürgerlich Schlichten eine Grundlage für die Zeit der deutschen Klassik geschaffen, die Goethe auf den Höhepunkt geführt hat; damit ist Winckelmann Teil dieser Bewegung und gehört posthum zwangsläufig in die Gruppe derer, die zur Zeit der Niederschrift zu den Poeten zählen dürfen. Das sind diejenigen, die das antike Kunstideal im Sinne von Vollkommenheit, Harmonie, Humanität und der Übereinstimmung von Inhalt und Form vorantreiben.
Goethes *Winckelmann und sein Jahrhundert* ist ein äußerst lesenswertes Werk, das noch einmal eine weitere Sicht auf Winckelmann aufwirft und einen Einblick in die Winckelmann-Rezeption bringt. Es ist selten, dass sich ein Autor so ausführlich mit einem anderen, erst vor einer Generation verstorbenen Gelehrten auseinandersetzt und ihm damit die Rolle einer bedeutenden historischen Gestalt zuweist. Auf diese Weise soll noch einmal deutlich werden, wie mächtig und nachhaltig Winckelmann auf die Zeitgenossen gewirkt hat.
Ganz in Goethes Nähe ist auch Friedrich Schiller angesiedelt, der zwar nicht direkt Goethes Winckelmann-Leidenschaft teilt, für den das antike Griechenland aber dennoch ein Quell der ästhetischen Inspiration ist und damit Winckelmann in der Vorstellung von Schönheit nahesteht. So schreibt er in sei-

nen Briefen *Über die ästhetische Erziehung des Menschen*:

„Man wird niemals irren, wenn man das Schönheitsideal eines Menschen auf dem nämlichen Wege sucht, auf dem er seinen Spieltrieb befriedigt. Wenn sich die griechischen Völkerschaften in den Kampfspielen zu Olympia an den unblutigen Wettkämpfen der Kraft, der Schnelligkeit, der Gelenkigkeit und an dem edleren Wechselstreit der Talente ergötzen, und wenn das römische Volk an dem Todeskampf eines erlegten Gladiators oder seines libyschen Gegners sich labt, so wird es uns aus diesem einzigen Zuge begreiflich, warum wir die Idealgestalten einer Venus, einer Juno, eines Apolls nicht in Rom, sondern in Griechenland aufsuchen müssen. Nun spricht aber die Vernunft: das Schöne soll nicht bloßes Leben und nicht bloße Gestalt, sondern lebende Gestalt, das ist, Schönheit sein; indem sie ja dem Menschen das doppelte Gesetz der absoluten Formalität und der absoluten Realität diktiert. Mithin tut sie auch den Ausspruch: der Mensch soll mit der Schönheit nur spielen, und er soll nur mit der Schönheit spielen."[176]

Zunächst siedelt Schiller den Ursprung der Schönheit wie Winckelmann im antiken Griechenland an und unterscheidet dieses von der römischen Antike. Das Griechentum wird dezidiert aufgewertet. Zum anderen stellt der Dichter aber deutlich heraus, dass das Schöne eine Grundvoraussetzung im Leben hat. Schönheit kann nie in einer ‚toten' Form existieren – und findet man diese Ansicht nicht auch bei Winckelmann in der Beschreibung der Laokoon-Gruppe? Die Schönheit, die

[176] Schiller, Friedrich: *Über die ästhetische Erziehung des Menschen in einer Reihe von Briefen.* Mit den Augustenburger Briefen herausgegeben von Klaus L. Berghahn. Stuttgart 2000, S. 62

Winckelmann in der Gestalt des Priesters findet, ist die des puren Lebens, auch wenn dieses Leben sich in den letzten Zügen befindet. Aber gerade dieses letzte, höchst wirkliche Aufbäumen ist die Bedingung für die ultimative Schönheit der Statue.

Auch in einem weiteren Punkt stehen sich Schiller und Winckelmann nahe: in der Glorifizierung des alten Griechenlands, das durch seine besondere Konstitution und Identität erst große Leistungen möglich macht. Das Gedicht *Die Götter Griechenlands* beschreibt die besondere Lebens- und Naturauffassung der als glückliches und harmonisches Zeitalter charakterisierten Antike und schildert im Gegenzug dazu das christliche Zeitalter als ein Stadium des Verlusts, der Freudlosigkeit, der Entfremdung und Entzweiung. Ursächlich hierfür ist für Schiller die Ablösung der Vielfalt der antiken Götterwelt, die Natur und menschliche Lebenswelt durchwirkt hat, sodass nur in der Dichtung das Ideal der antiken Welt weiterlebe. Es ist ein „wichtiges lyrisches Zeugnis für Schillers ‚klassische Wende'. Er wolle in den nächsten zwei Jahren keine modernen Schriftsteller mehr lesen, sondern sich ganz in die Literatur und Kultur der griechischen Antike versenken […]"[177]. Es sollen für den ersten Einblick nur die ersten beiden Strophen zitiert werden:

> „Da ihr noch die schöne Welt regiertet, / an der Freude leichtem Gängelband / glücklichere Menschenalter führtet, / schöne Wesen aus dem Fabelland! / Ach! da euer Wonnedienst noch glänzte, / wie ganz anders, anders war es da! / Da man deine Tempel noch bekränzte, / Venus Amathusia! // Da der Dichtkunst malerische Hülle / sich

[177] Luserke-Jaqui, Matthias: *Friedrich Schiller.* Tübingen und Basel 2005, S. 201

noch lieblich um die Wahrheit wand! – / Durch die Schöpfung floß da Lebensfülle, / und, was nie empfinden wird, empfand. / An der Liebe Busen sie zu drücken, / gab man höhern Adel der Natur. / Alles wies den eingeweihten Blicken / alles eines Gottes Spur."[178]

Schiller führt damit – zumindest mittelbar – die Winckelmannsche Diktion fort, dass das alte Griechenland eine Art goldenes Zeitalter darstellt. Freilich überträgt Schiller dies auf die Dichtung, während bei Winckelmann die bildende Kunst im Fokus steht. Entscheidend ist, dass solche großen Kerngedanken, die heute als überdauernder Ausweis der Weimarer Klassik gelten, durchaus von Winckelmann herrühren (können). Das Gedicht *Die Götter Griechenlands* gilt als wichtiges Beispiel der Antikenbegeisterung in der deutschen Geistesgeschichte. Und Winckelmann ist der derjenige, der 30 Jahre vor Schiller diese Antikenbegeisterung entfacht.

[178] Schiller, Friedrich: *Sämtliche Gedichte.* Herausgegeben von Georg Kurscheidt. Frankfurt am Main 2008, S. 285f.

V. Zusammenfassung und Fazit

Johann Joachim Winckelmann hat ein beeindruckendes und bewegtes Leben geführt. Das hochbegabte Kind aus kleinsten, beengten, ja ärmlichen Verhältnissen, das schon früh durch sein sprachliches Talent auffällt, es aber aufgrund seines eigenwilligen Charakters in einer bürgerlich-formalisierten Welt nicht allzu weit bringt. Er schafft keinen Studienabschluss und hält es auch an seinen Arbeitsplätzen, obgleich sie seiner grundsätzlichen Neigung und Ausbildung entsprechen (Lehrer, Bibliothekar), jeweils nicht lange aus. Erst die Möglichkeit, die Tätigkeit als freier Autor aufzunehmen und Gelehrter im Ausland zu werden, führt dazu, dass Winckelmann sich wirklich in seiner Haut wohlfühlt und zu seinen Höchstleistungen fähig ist. Vor allem die *Gedancken über die Nachahmung der griechischen Werke in der Malerey und Bildhauerkunst* und die *Geschichte der Kunst des Alterthums* sind verehrungswürdige Beispiele dafür, wie sehr Winckelmann die Freiheit brauchte, um sich selbst zu entfalten; die *Gedancken* entstehen schließlich auch schon unter dem Eindruck der baldigen Umsiedelung nach Italien. Es ist der Geist der Freiheit, der in ihm brennt und ihn antreibt. Winckelmann zeigt, zu welchen Leistungen der Mensch fähig ist, wenn er Bestimmung und Umfeld gefunden hat.

Dass die Leistungen Winckelmanns historisch groß und bleibend sind, daran gibt es keine Zweifel. Auf der einen Seite treibt er die archäologische Forschung voran und trägt seinen Teil dazu bei, viele Funde antiker Kunst in einer von unkoordinierter und stark persönlich motivierter Sammelwut geprägten Zeit zu erhalten. Somit kommt Winckelmann das Verdienst zu, als Begründer der Klassischen Archäologie zu gelten, was heute weiterhin anerkannt wird: Rund um den 9. Dezember gedenken Klassische Archäologen jährlich Winckelmanns als des „Urvaters" ihres Faches, also der wissenschaftlichen Archäologie. Die auf diesen Veranstaltungen gehaltenen Vorträge werden oftmals als *Winckelmannsprogramme* veröffentlicht. Auch weitere Merkmale in der Winckelmann-Erinnerungskultur knüpfen an diese Leistung an. Seit 1929 verleiht das Deutsche Archäologische Institut eine Winckelmann-Medaille. Die Auszeichnung wird in unregelmäßigen Abständen an Institutionen verliehen, die sich nachhaltig um die Archäologie verdient gemacht haben. Das Klassisch-Archäologische Seminar der Humboldt-Universität zu Berlin heißt „Winckelmann-Institut". Seit der Neuordnung der Universität nach der Wende gehört das Institut seit 1992 zur Kultur-, Sozial- und Bildungswissenschaftlichen Fakultät und bildet als Lehrbereich für Klassische Archäologie gemeinsam mit dem Lehrbereich Archäologie und Kulturgeschichte Nordostafrikas das Institut für Archäologie. Mit dem Bau der Düsseldorfer Kunstakademie wurde Winckelmanns Name als Begründer der Kunstgeschichte und „Eckpfeiler" neben bedeutenden Bildhauern im Fries der Fassade an der zum Rhein hin geneigten Westseite eingemeißelt.

Winckelmanns andere Leistung besteht natürlich darin, die größte Strömung der deutschen Literaturgeschichte vorbereitet und geprägt zu haben. Es hat sich gezeigt, dass die kunsttheoretischen Gedanken Winckelmanns erheblichen Einfluss auf die Weimarer Klassik hatten. Die Antikenrezeption der Großen des späten 18. Jahrhunderts ist ohne die Vorarbeit des deutschen Gelehrten kaum denkbar. Das besonders an den Formen ausgerichtete Empfinden der Kunstwerke und ihre Rezeption bei Winckelmann wirkte sowohl bei Goethe als auch Schiller prägend. Goethes Reisebeschreibung aus Italien enthält zahlreiche Rückbezüge auf Winckelmann. Die Gleichsetzung in der Trias Antike – Schönheit – Lebenssteigerung durchzieht die Werke der Klassik bis zu Friedrich Hölderlin „und führt sie trotz mehrerer wichtiger Unterschiede zu einem gemeinsamen Ausgangspunkt – Winckelmanns Griechenbild – zurück“[179]. Dass Goethe und andere Winckelmann irgendwann überwinden würden, schmälert dabei die Gesamtleistung keineswegs. Selbst Lessing, der sich in seiner kunsttheoretischen Schrift deutlich gegen Winckelmann wendet, hätte laut eigener Aussage gerne einige seiner Lebensjahre hingegeben, damit Winckelmann ein längeres Leben hätte führen können. Neben Goethe, der dem antiken Griechentum auch das Moderne, Sensible und Humane gegenüberstellt, wehrt sich beispielsweise auch Friedrich Hölderlin gegen das reine Nachahmungsprinzip Winckelmanns, da es die lebendige Kraft ersticke – obwohl die Antikenrezeption bis weit nach 1800 ein führendes Prinzip der Literatur darstellt. Griechenland bleibt Ideal und Utopie, und in der Goethezeit sind die Gestalten des griechischen Mythos und ihre Geschichten fast allgegenwärtig, auch wenn Winckelmanns Kernthesen den Späteren als mehr und mehr anpassungsbedürftig erscheinen. Dass es jenseits einer allgemeingütigen Grundanschauung der Bedeutung der griechischen Antike zu unterschiedlichen Auffassungen kommt, liegt in der Natur der Sache:

> „Für Winckelmann und Goethe steht das vollendete Individuum, die vollkommene menschliche Gestalt im Vordergrund des idealisierenden Interesses an den Griechen. Bei-

[179] Bosco, Lorella: *Das furchtbar-schöne Gorgonenhaupt des Klassischen, Deutsche Antikebilder (1755–1875).* Würzburg 2004, S. 94

den gemeinsam ist auch eine ästhetisch akzentuierte Ansicht der griechischen Kultur, obwohl Winckelmann gelegentlich die Freiheit als wichtige politische Grundlage für die Blüte der griechischen Kultur hervorhebt, und Goethe, wie noch zu sehen sein wird, auch eine existentielle Dimension mit seiner Vorstellung von der Antike verbindet. Hölderlin betont weniger das Individuelle, gestalthaft Vollendete als das Überindividuell-Allgemeine an der griechischen Kultur, und dazu gehört für ihn wesentlich das Volk, das die Polis mit lebendigem Gemeingeist erfüllt. So sehr Hölderlin sich von griechischer Kunst und Kulturfasziniert zeigt, so deutlich verlagert sich deshalb bei ihm der Akzent vom primär ästhetischen Interesse auf ein im weitesten Sinne politisches."[180]

Die weitere Beschäftigung mit Johann Joachim Winckelmann kann noch sehr viel Interessantes zu Tage fördern. Man kann wohl kaum behaupten, dass Person und Werk hinlänglich erforscht wären; es bestehen noch ausreichend weiße Flecken unter ganz verschiedenen Gesichtspunkten. Auch seine Rolle in der allgemeinen geistes- und kulturgeschichtlichen Debatte kann durchaus noch deutlicher herausgestellt werden. Winckelmann ist weiterhin mehr in eingeweihten Kreisen bekannt als in der Öffentlichkeit. Zwar arbeiten Institutionen wie die Winckelmann-Gesellschaft, die seit 2000 auch das 1955 gegründete Winckelmann-Museum betreut, daran, die Präsenz Winckelmanns zu erhöhen, und gerade rund um den 300. Geburtstag 2017 erschienen viele Medienbeiträge. Seitdem herrscht wieder Schweigen. Insofern wäre es an der Zeit,

[180] Schmidt, Jochen: „Griechenland als Ideal und Utopie bei Winckelmann, Goethe und Hölderlin", in: *Hölderlin-Jahrbuch* (1993), S. 94—110, hier S. 95

Winckelmann vor allem auch über seine Werke dem interessierten Publikum zugänglich zu machen; seine Texte sind noch allzu akademisiert und oftmals nicht lesefreundlich erhältlich und kommentiert. Auch weitgehend Unbekanntes lässt sich weiter ausformen. So bietet beispielsweise Winckelmanns Beschäftigung mit der Ägyptologie in seiner *Nachricht von einer Mumie in dem Königlichen Cabinet der Althertümer in Dreßden* Möglichkeiten, seine Rolle für die moderne Archäologie weiter auszuführen:

> „Durch seine Beobachtungen zur Datierung der Inschrift und ikonographischen Details der Bemalung und genauere Quellenstudien zur Einbalsamierung in Ägypten konnte er entgegen den bisherigen Auffassungen glaubhaft machen, dass Mumifizierungen in Ägypten noch in der römischen Kaiserzeit üblich waren. Er kam damit der heutigen Datierung der Mumien in das 3. Jh. n. Chr. nahe. Die Autopsie, Datierung der Inschrift und Quellenstudium zeichnen diese Schrift aus und begründen einen ersten Schritt zur Archäologie, die er in Rom begründen sollte.“[181]

Ebenso interessant können Winckelmanns Betrachtungen zur zeitgenössischen Kunst sein, mit denen er sich in bestimmte intellektuelle Debatten seiner Zeit einmischt, vor allem in die *Querelle des Anciens et des Modernes* (*Streit der Alten und der Neuen*). So bezeichnet man einen Literaturstreit in Frankreich an der Wende vom 17. zum 18. Jahrhundert. Es ging dabei um die Frage, inwiefern die Antike noch das Vorbild für die zeitgenössische Literatur und Kunst sein könne. Seine Gedanken dazu finden sich im *Sendschreiben über die Gedanken Von die Nachahmung der griechischen Werke in der Malerey und*

---

[181] Kunze, Max: *Nachwort*, in: Winckelmann, *Gedancken*, S. 245

Bildhauerkunst (das selbst verfasst hat, aber dafür die Position eines anonymen Autors einnimmt). Darin vertieft er Gedanken, die der Kürzung des ursprünglichen Werks zum Opfer gefallen sind. Winckelmann hinterfragt sich selbst kritisch und lässt auch Gegenpositionen zu Wort kommen, vor allem aus der „modernen" französischen Kunstliteratur. „Winckelmann zeigt sich als guter Kenner der Positionen der ‚Modernes'"[182], wendet sich aber auch entschieden gegen die „versuchte[.] Marginalisierung der Antike in der Zeit der französischen ‚Querelle' [durch ein] begeistertes, wenngleich überhöhtes Griechenlandbild"[183].
Auch die *Gedancken über die Nachahmung der Griechischen Wercke in der Mahlerey und Bildhauer-Kunst* ist einen intensiveren Blick wert. Das Werk beendet Winckelmanns Auseinandersetzung mit der eigenen Hauptschrift und bringt noch einmal zusätzliche Details über Winckelmanns Denken und Anschauung der antiken griechischen Kunst hervor. Ausführlicher als die *Gedancken* ist die *Erläuterung* voll mit kundigen Aussagen und ästhetischen wie historischen Beschreibungen, um davon ausgehend die Kunst noch einmal besser betrachten zu können. Wenn Winckelmann sich selbst erklärt, schafft er eigentlich ein zusätzliches Werk, das es zu lesen und zu analysieren gilt. Dies kann weitere Erkenntnisgewinne zur Antikenrezeption und Kunsttheorie des 18. Jahrhunderts liefern und die Kenntnis des Werks vertiefen.
Was also ist, *in nuce*, Winckelmanns bleibendes Verdienst? Dafür lässt sich Kunze zitieren:

[182] Winckelmann, *Gedancken*, S. 245
[183] Ebd., S. 246

> „Winckelmanns ästhetische und spätere stilgeschichtliche Kunstbetrachtung und die leidenschaftliche Beschwörung der griechischen Antike hatten eine bedeutende Wirkung auf das europäische Geistesleben. Er lenkte den Blick von der römischen auf die griechische Antike, womit er das idealistische Antikenbild der deutschen Klassik mit ihrem Schönheitsideal und ihrem humanistischen Griechenideal entscheidend mitbestimmte."[184]

Die von Winckelmann initiierte Wiederbelebung des antiken Griechenlands hat den Kurs der deutschen Literatur grundlegend verändert und die Entwicklung des abendländischen Geschmacks maßgeblich beeinflusst.[185] Watson geht sogar einen Schritt weiter:

> „Heute gilt Winckelmann als Vater der klassischen Archäologie, aber man könnte ihn auch als einen Vater des Historismus bezeichnen, da sich sein prägender Einfluss auf Herder über diesen vermittelt auf die Geschichtsschreibung ausweitete. Der Philhellenismus wurde zu einem bestimmenden Merkmal des deutschen Bildungsbürgertums und wirkte sich auf die Universitäten ebenso aus wie auf die Staatsverwaltung."[186]

Griechenland hat die „Richtung der gesamten modernen Kultur grundlegend beeinflußt"[187], und Winckelmann steht am Anfang einer langen und bedeutenden Reihe von Griechenfreunden in der deutschen Geistesgeschichte. Das gilt es nie

---

[184] Winckelmann, *Gedancken*, S. 246

[185] Vgl. Watson, Peter: *Der deutsche Genius. Eine Geistes- und Kulturgeschichte von Bach bis Benedikt XVI.* München 42010, S. 117

[186] Ebd., S. 117f.

[187] Zit. nach ebd., S. 118

zu vergessen und Winckelmann immer hoch anzurechnen. Es ist an der Zeit, dass ihm die Bedeutung zukommt, die er verdient.

VI. Bibliographie

Primärliteratur

Gleim, Johann Wilhelm Ludwig: *Sämmtliche Werke.* Acht Bände. Herausgegeben von Wilhelm Körte. Halberstadt 1811 und Leipzig 1841

Goethe, Johann Wolfgang: *Iphigenie auf Tauris.* Ein Schauspiel. Anmerkungen von Joachim Angst und Fritz Hackert. Um Anmerkungen ergänzte Ausgabe. Stuttgart 1993

Goethe, Johann Wolfgang von: *Italienische Reise.* Stuttgart 2020

Goethe, Johann Wolfgang: *Winkelmann und sein Jahrhundert: in Briefen und Aufsätzen.* Tübingen 1805; Zugriff am 6. Dezember 2020 unter https://digi.ub.uni-heidelberg.de/diglit/goethe1805/0114

Goethe, Johann Wolfgang: „Über Laokoon", in: *Textlog.de*, Zugriff am 7. Januar 2021 unter https://www.textlog.de/41482.html

Gottsched, Johann Christoph: *Ausgewählte Werke.* Zwölf Bände. Herausgegeben von Joachim Birke und P. M. Mitchell. Berlin und New York 1968—1987

Herder, Johann Gottfried: *Briefe zur Beförderung der Humanität.* Zwei Bände. Berlin und Weimar 1971

Homer: *Ilias. Odysee.* In der Übertragung von Johann Heinrich Voß. München [4]2008

Kant, Immanuel: Die Metaphysik der Sitten, in: Werke in zwölf Bänden. Herausgegeben von Wilhelm Weischedel. Frankfurt am Main 1977

Lessing, Gotthold Ephraim: *Laokoon oder Über die Grenzen der Malerei und Poesie.* Studienausgabe. Herausgegeben von Friedrich Vollhardt. Stuttgart 2012

Schiller, Friedrich: *Vom Pathetischen und Erhabenen. Schriften zur Dramentheorie.* Herausgegeben von Klaus L. Berghahn. Bibliographisch ergänzte Ausgabe. Stuttgart 1993

Schiller, Friedrich: *Über die ästhetische Erziehung des Menschen in einer Reihe von Briefen.* Mit den Augustenburger Briefen herausgegeben von Klaus L. Berghahn. Stuttgart 2000

Schiller, Friedrich: *Sämtliche Gedichte.* Herausgegeben von Georg Kurscheidt. Frankfurt am Main 2008

Vergil: *Aeneis.* Übersetzung durch Johann Heinrich Voss, neu herausgegeben von Otto Güthling. Leipzig 1875

Winckelmann, Johann Joachim: *Briefe.* Vier Bände. Hrsg. von Walther Rehm und Hans Diepolder. Berlin 1952—1957

Winckelmann, Johann Joachim: *Geschichte der Kunst des Altertums.* Berlin 2003 (E-Book Edition)

Winckelmann, Johann Joachim: *Gedancken über die Nachahmung der Griechischen Wercke in der Mahlerey und Bildhauer-Kunst. Sendschreiben. Erläuterung.* Herausgegeben von Max Kunze. Stuttgart 2013

Sekundärliteratur

Bäbler, Balbina: „Winckelmanns lateinische Gedichte aus Homer“, in: Lehmann, Gustav Adolf / Engster, Dorit / Nuss, Alexander [Hrsg.]: *Von der bronzezeitlichen Geschichte zur modernen Antikenrezeption.* Göttingen 2012

Bagordo, Andreas: „Grundzüge der Homer-Rezeption“, in: Rengakos, Antonios / Zimmermann, Bernhard [Hrsg.]: *Homer-Handbuch. Leben – Werk – Wirkung.* Stuttgart / Weimar 2011, S. 416—436

Bartholomae, Joachim [Hrsg.]: *Das Wunder Winckelmann: Ein Popstar im 18. Jahrhundert.* Berlin 2016

Bosco, Lorella: *Das furchtbar-schöne Gorgonenhaupt des Klassischen, Deutsche Antikebilder (1755–1875).* Würzburg 2004

Clark, Christopher: *Preußen. Aufstieg und Niedergang 1600 – 1947.* München [11]2008

Disselkamp, Martin / Testa, Fausto [Hrsg.]: *Winckelmann-Handbuch: Leben – Werk – Wirkung.* Stuttgart 2017

Geschichte der deutschen Literatur 2. Von der Aufklärung bis zum Vormärz. Herausgegeben von Ehrhard Bahr. Zweite, vollständig überarbeitete und erweiterte Auflage. Tübingen und Basel 1998

Haupt, Klaus-Werner: *Johann Winckelmann. Begründer der klassi-*

schen Archäologie und modernen Kunstwissenschaften. Weimar [2]2018

Jørgensen, Sven Aage / Bohnen, Klaus / Øhrgaard, Per: *Aufklärung, Sturm und Drang, frühe Klassik 1740—1789.* München 1990 (= Geschichte der deutschen Literatur Band VI)

Kunze, Max: „Der rote Faden Winckelmanns – Homer“, in: Wiegels, Rainer [Hrsg.]: *Antike neu entdeckt. Aspekte der Antike-Rezeption im 18. Jahrhundert unter besonderer Berücksichtigung der Osnabrücker Region.* Möhnesee 2002, S. 243—251

Kutschera, Franz von: *Ästhetik.* Berlin/New York 1988

Luserke-Jaqui, Matthias: *Friedrich Schiller.* Tübingen und Basel 2005

Martus, Steffen: *Aufklärung. Das deutsche 18. Jahrhundert – ein Epochenbild.* Berlin 2015

Meier, Albert: *Klassik – Romantik.* Stuttgart 2008

Roettgen, Steffi: „Begegnungen mit Apollo. Zur Rezeptionsgeschichte des Apollo vom Belvedere im 18. Jahrhundert“, in: Winner, Matthias [Hrsg.]: *Il cortile delle statue: der Statuenhof des Belvedere im Vatikan* [Kongressband], Hauptbd., Mainz 1998

Rothenburg, Karl-Heinz von: *Geschichte und Funktion von Abbildungen in lateinischen Lehrbüchern. Ein Beitrag zur Geschichte des textbezogenen Bildes.* Frankfurt am Main 2009

Schadewaldt, Wolfgang: *Winckelmann und Homer.* Vortrag gehalten zur Winckelmann-Feier des Arch. Inst. Univ. Leipzig am 7.12.1940. Leipzig 1941

Schmidt, Jochen: „Griechenland als Ideal und Utopie bei Winckelmann, Goethe und Hölderlin“, in: *Hölderlin-Jahrbuch* (1993), S. 94—110

Schulz, Raimund: *Kleine Geschichte des antiken Griechenlands.* Durchgesehen und bibliographisch ergänzte Ausgabe. Stuttgart 2010

Sichtermann, Hellmut: *Kulturgeschichte der klassischen Archäologie.* München 1996

Ueding, Gert: *Klassik und Romantik. Deutsche Literatur im Zeitalter der Französischen Revolution 1789—1815.* München ²2008

Uhde-Bernays, Hermann [Hrsg.]: *J. J. Winckelmanns kleine Schriften und Briefe: Kleine Schriften zur Geschichte der Kunst des Altertums.* Leipzig 1925

Voßkamp, Wilhelm (Hrsg.): *Theorie der Klassik.* Stuttgart 2009

Wagner, Johann Martin von: *Bericht über die Äginetischen Bildwerke im Besitze S. K. Hoheit des Kronprinzen von Baiern.* Stuttgart u.a. 1817

Watson, Peter: *Der deutsche Genius. Eine Geistes- und Kulturgeschichte von Bach bis Benedikt XVI.* München ⁴2010

Wilpert, Gero von: *Sachwörterbuch der Literatur.* 8., verbesserte und erweiterte Auflage. Stuttgart 2001

Winckelmann-Museum: Ein Gang durch die Ausstellung. Herausgegeben von Max Kunze und Michael Wenzel. Ruhpolding/Mainz 2007

Online-Quellen

Artikel „Apoll vom Belvedere", Zugriff am 19. Dezember 2020 unter http://viamus.uni-goettingen.de/fr/sammlung/ab_rundgang/q/07/01

Artikel „Die Statuen im Belvedere mit den Beschreibungen Winckelmanns", in: *Goethezeitportal*, Zugriff am 19. Dezember 2020 unter http://www.goethezeitportal.de/wissen/projektepool/goethe-italien/rom-aesthetik/die-statuen-im-belvedere-mit-den-beschreibungen-winckelmanns.html

Artikel „Eine der berühmtesten antiken Skulpturen – die Laokoon-Gruppe", in: *Goethezeitportal*, Zugriff am 26. Dezember 2020 unter http://www.goethezeitportal.de/wissen/projektepool/goethe-schiller-co/die-weimarer-klassik/eine-der-beruehmtesten-antiken-skulpturen-die-laokoon-gruppe.html

Artikel „Iphigenie auf Tauris oder die Humanisierung des Mythos", in: *Goethezeitportal*, Zugriff am 16. Januar 2021 unter http://www.goethezeitportal.de/wissen/dichtung/schnellkurs-goethe/klassische-dramatik.html

Artikel „Marmorfarben statt multicolor – was Winckelmann sieht", in: *Goethezeitportal*, Zugriff am 18. Dezember 2020 unter http://www.goethezeitportal.de/wissen/projektepool/goethe-schiller-co/die-weimarer-klassik/marmorfarben-statt-multicolor-was-winckelmann-sieht.html

Artikel „Von Stendal nach Arkadien. Zum 300. Geburtstag von Johann Joachim Winckelmann", in: *Sachsen-Anhalt-Journal*, Zugriff unter http://journal.lhbsa.de/cpt-articles/von-stendal-nach-arkadien/

Mülder-Bach, Inka: „Sichtbarkeit und Lesbarkeit Goethes Aufsatz Über Laokoon", in: *Goethezeitportal*, Zugriff am 7. Januar 2021 unter http://www.goethezeitportal.de/db/wiss/goethe/laokoon_muelder-bach.pdf

Pfotenhauer, Helmut: „Winckelmann und Heinse. Die Typen der Beschreibungskunst im 18. Jahrhundert oder die Geburt der neueren Kunstgeschichte", in: *Goethezeitportal*, Zugriff am 15. Dezember 2020 unter http://www.goethezeitportal.de/index.-php?id=1892

Schmälzle, Christoph: „Schauriges Ende in grellen Farben", in: *Frankfurter Allgemeine Zeitung* (6. August 2018), Zugriff am 6. Dezember 2020 unter https://www.faz.net/aktuell/feuilleton/kunst/winckelmanns-tod-in-triest-wirft-noch-heute-fragen-auf-15628256-p2.html

Welche, Bettina: „Winckelmanns Selbstinszenierung", in: *Blog der Klassik Stiftung Weimar*, Zugriff am 20. Dezember 2020 unter https://blog.klassik-stiftung.de/anton-von-marons-bildnis-winckelmanns/

Haupt, Klaus Werner: „Johann Joachim Winckelmann und die Weimarer Klassik", in: *WeimarLese*, Zugriff unter https://www.weimar-lese.de/persoenlichkeiten/w/winckelmann-johann-joachim/johann-joachim-winckelmann-und-die-weimarer-klassik/

Patrick Peters *Einführung. Romantik*

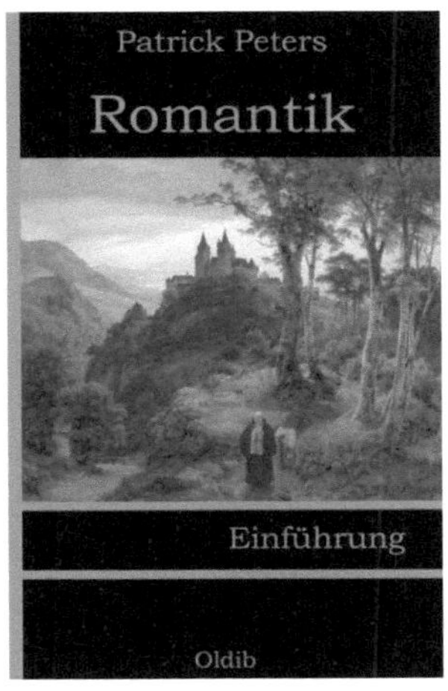

Der Schriftsteller Rüdiger Safranski hat die Romantik einmal als eine „deutsche Affäre" bezeichnet. Und wie wahr: In Deutschland hat die Romantik eine besondere Prägung erfahren und wirkt bis heute nach, sowohl in der Wissenschaft als auch in der eher populären Literatur. Der vorliegende Band „Romantik. Einführung" zeichnet die literaturgeschichtliche Entwicklung dieser Epoche nach, stellt die theoretische Basis, wesentliche Autoren, deren Werke und Wirkung(en) vor und verbindet Früh-, Hoch- und Spätromantik zu einem übersichtlichen Bild. Die Einführung richtet sich neben dem an verständlicher Literatur- und Kulturgeschichtsschreibung interessierten Publikum explizit an Schüler, Lehrer sowie Studierende, die einen lesbaren, gut strukturierten Überblick über die Epoche der Romantik und einen Zugang zu den wichtigsten Texten und Themen der Zeit suchen. Dadurch will der vorliegende Band auch dazu motivieren, sich den Werken im Original zu nähern und die Literatur der Romantik als Leser aus erster Hand zu erforschen.

144 Seiten, 12,99 Euro, ISBN 978-3-939556-83-1

Michael Kleu (Hg.) ***Antikenrezeption in der Fantasy***

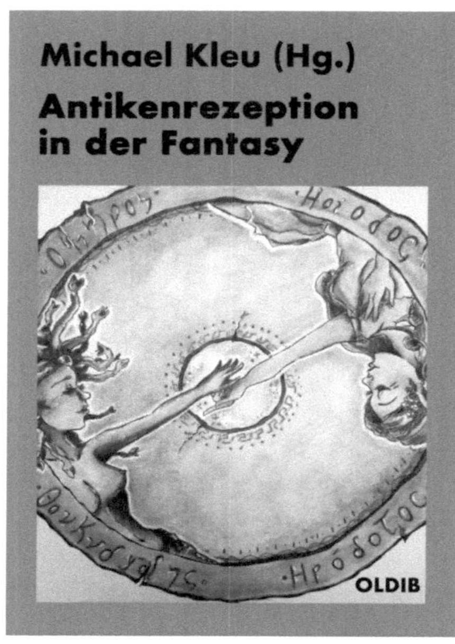

Fantasy-Welten, wie wir sie etwa aus den Werken J.R.R. Tolkiens oder G.R.R. Martins kennen, sind bekanntlich in mancherlei Hinsicht an das europäische Mittelalter angelehnt. Weniger bekannt ist jedoch, dass diese Welten gleichzeitig auch starke Bezüge zur Antike aufweisen, was umso mehr noch für einige Fantasy-Erzählungen gilt, die in abgewandelten Formen unserer Gegenwart spielen. Der vorliegende Sammelband zeigt aus interdisziplinärer und internationaler Perspektive unterschiedliche Formen dieser Antikenrezeption in der Fantasy anhand ausgewählter Beispiele auf. Behandelt werden in diesem Kontext *Der Herr der Ringe*, *Das Lied von Eis und Feuer* (Game of Thrones), *Harry Potter*, Terry Pratchetts *Scheibenwelt*, *Die 13 ½ Leben des Käpt'n Blaubär*, Anthony Ryans Raven's *Shadow*-Reihe, *Die fabelhaften Göttergirls* sowie Superhelden-Comics aus den Häusern Marvel und DC. Eingeleitet werden diese Fallbeispiele durch grundlegende Überlegungen zum Verhältnis zwischen der modernen Fantasy und den Mythen und Sagen der Antike.

280 Seiten, 24,95 Euro, ISBN 978-3-939556-82-4

www.oldib-verlag.de – info@oldib-verlag.de